名师名校名校长

凝聚名师共识
回应名师关怀
打造名师品牌
培育名师群体

程晓远题

全课程视域下的课堂教学新样态

课堂教学的『莞外』表达

王金发　陈彩虹　王成莲／主编

吉林人民出版社

图书在版编目(CIP)数据

课堂教学的"元外"表达 / 王金发，陈彩虹，王成莲主编. — 长春：吉林人民出版社，2022.8

ISBN 978-7-206-19312-5

Ⅰ.①课… Ⅱ.①王…②陈…③王… Ⅲ.①课堂教学—教学研究 Ⅳ.①G424.2

中国版本图书馆CIP数据核字

活动剪影

东莞外国语学校小学部"全课程"实践印记

图1　骨干老师赴北京赫德学校跟岗学习

图2　李振村莅临我校给全体师生做讲座

图3　一年级小学生"校园寻宝记"

图4　美好的中秋美食节

图5　《红岩》之"绣红旗"剧目

图6　"小动物森林畅游"游考活动

图7 "演绎名著，点亮未来"体育节展演

图8 学校管乐团展演羊城

图9 科技节之风帆小车

图10 创意十足的校园涂鸦

图11 教学实践经验交流研讨会

图12 小学数学魔术亮相安徽阜阳

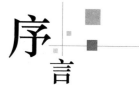

向"莞外"致敬

东莞外国语学校（以下简称"莞外"）是一所让我产生深深敬意的学校。

这种敬意不仅仅是因为"莞外"出色的办学品质，更是因为这样一所誉满四方的名校却依然保持着蓬勃的生长力，依然保持着对教育变革高度的敏锐和强烈的好奇，依然能够不为名声所累，勇于反省、变革，不断追求更加美好的教育境界。

我接触的第一位"莞外"老师是小学部主任王金发老师。

初次见面，我便被他的朴实、真诚、谦和、友善所打动。面对总是笑意盈盈、慈眉善目的金发老师，我心里涌出的第一个感受就是：这就是一个好老师的样子！

日后交往渐多，才知道金发老师原来是很有名气的数学特级教师，在小学数学游戏化学习方面造诣颇深。但在最初交往时，我从未在金发老师身上感受到一点所谓名师的架子和骄矜。

金发老师给我的第一印象，就是我对"莞外"精神气质的第一印象，后来接触"莞外"的领导和老师越来越多，我很惊奇地发现，"莞外"的老师们身上都有这种朴实、真诚、谦和、友善的气质。

第一次受邀到"莞外"做讲座，我原本以为只有小学部的老师参加，没有想到，居然是从小学到高中的全校老师全部汇集来听一个关于小学变革的讲座。学校总校长尹效登坐在第一排，两小时的讲座从头听到尾。这次讲座，是我自己最满意的讲座之一。老师们与我这个演讲者之间形成了良好的共鸣，大家时而沉思，时而微笑，时而颔首，所有的表情都在呼应我，鼓励我，激发我，会场上形成了一个看不见的流淌着思考与诗意的场域，置身这个场域，我的思维和语言如江河奔涌。是的，讲者和听者真的是需要相互成全的。

当时我就想，这个学校的文化氛围真的不错！这是可以一起干些事情的学校！

从此，"全课程"就与"莞外"这所名校结缘，我也因此有机会认识了更多"莞外"的老师，了解了他们踏实做事的品格。

起初，我对"莞外"能否很好地实施"全课程"是有些疑虑的。因为这所学校已经有自己完善的课程体系，形成了自己鲜明的教学风格，并且有着非常高的教学质量，"全课程"能否融入进来而不产生排异反应，是个很大的问题。

但我的担忧很快就被"莞外"小学部老师们的创造打破了。

他们没有机械和僵化地落实"全课程"的结构和教法，而是把"全课程"的核心理念融入他们原有的教学体系当中，对原有教育生态进行改良和优化，从而形成了非常好的效果。

例如，部编小学语文教材，一年级下册有课文《端午粽》，三年级下册有综合性学习《中华传统节日》，四年级下册的语文要素有"学会提问"，六年级下册的口语交际是辩论。如果按照传统教法，老师按部就班教完课文、落实好语文要素就可以了，但是"莞外"的老师用"全课程"理念，将教学内容进行了整合与重构，开发了面向全校学生的"时空端午文化之旅"，为学生铺展了一个更加浩瀚和辽阔的人文大世界。

这是一场独特有趣的"旅行"：学科被超越了，年级被打破了，固有的听说读写的母语学习方式被打破了。从低段学生阅读课文《端午粽》、阅读有关端午的绘本，到高段学生阅读《屈原传》《楚国风云》《离骚》《渔夫》等；从富有创意的开课仪式，到体验当地的龙舟文化、进行教育戏剧表演；从年级辩论赛到在校园里热热闹闹开展的端午美食节，直到最后全校性的盛大的成果发布会，语文学习与生活发生了连接，与美食发生了连接，与艺术发生了连接，与传统文化发生了连接，学生不仅仅是在阅读，还是在体验、在创作，更是在与伟大的心灵、与流传千古的经典对话。端午这一传统文化符号伴随着丰富的学习体验深深地铭刻在了学生的生命里。

"莞外"不仅用"全课程"理念和方法来更好地学习部编教材，而且让"全课程"与现实生活紧密相连，让学习不再与生活脱节，真正实现了生活化学习。

这也是最让我欣喜和激动之处：在"莞外"，"全课程"没有成为老师们的

"枷锁"，没有成为固化的模式，没有成为部编教材之外附加的"赘物"，而是成为一种精神，一种理念，成为一束光，引领和指引着老师们，不断向生命成长的规律、向学习的规律靠近，再靠近。

我更加激动和欣喜的是，"莞外"的老师们不但没有被"全课程"束缚，而且用自己的聪明才智不断地丰富"全课程"、升华"全课程"、创造"全课程"，直至形成了拥有"莞外"风格的"全课程"。

人生有三重境界：看山是山，看水是水；看山不是山，看水不是水；看山依然是山，看水依然是水。

现在"莞外"的"全课程"正向着更高的境界迈进。

李振村

2022年2月

李振村，"全课程"教育体系创始人，教育部基础教育课程教材专家委员会第二届专家，《当代教育家》杂志总编辑，赫德国际教育集团中方总校长。

前言

　　"全课程"，是著名教育专家李振村先生创立的小学教育课程体系。李振村先生曾任北京某中学校长、教育部基础教育课程教材专家委员会，兼任《当代教育家》杂志总编辑等。"全课程"以"全人教育"为基本理念，以培养"完整的人"为终极目标，致力于为学生的成长构建宽广的智力背景、提供丰富的学习体验、培养灵动的思维特质，引导学生学会与世界和谐相处。

　　"全课程"倡导"具身学习、热认知"：引导学生不仅要用大脑，而且要用整个身体，进行全脑、全身、全息、全时空的学习，使教育戏剧、实践探究等成为"全课程"的重要学习路径；"全课程"倡导大主题单元、项目式学习，努力通过跨学科整合等先进的学习策略培养学生的核心素养；"全课程"强调整本书阅读，强调传统文化的浸润，努力为学生奠定国学基础，培养厚实宽广的人文根基。

　　2018年8月，"全课程"教育体系创始人李振村教授来到我校，他给我们带来了"全课程"教育的理念和实践分享，从此我们东莞外国语学校（简称"莞外"）小学部开启了"全课程"教育教学的探究之旅。

　　几年来，我们从简单的模仿开始，去上海、北京跟岗学习；到长沙、常州参加现场会议；再到李振村、常丽华、杨玉翠、李虹霞、王云、杨娟、张宏伟等专家、教授莅临我校指导。我们充实而又兴奋地追寻着"全课程"，大主题学习是以生活为背景的学习，学习知识是为生活服务的。于是以"端午文化之旅""我与春天有个约会""我的植物朋友"为主题的探究开启了，教育戏剧也开幕了。"全课程"注重学科融合，注重学生多种能力的发展，为每个学生提供获得成就感的可能性，因此，各个学科展开了基于"全课程"教育理念的学科特色探究。

　　一年多以后，我们的探究之路开始明晰，我们边实践边总结，成果逐渐显现。2020年初月，我校由教导处统筹，各年级组织学生开展了居家学习探究。在这个过程中，每个学生在课程的引领下开展学习，对于如何做好个人防护，反思人类与大自然的和谐共处等问题进行了充分的实践探究，不久之后，大量的学生作品纷纷发表获奖，基于项目式学习的居家学习成果《岭南无所有，聊赠一枝春》也很快发表于《当代教育家》杂志。教育最动人的姿态就是与生活结合，与当下结合，我们感动于自己开展的一次有效探究，一次全校联动的学习实践。随后，王成莲老师撰写的《"全课程"的滋味》，吴兴妍老师基于《一百条裙子》教学实践总结的《变变变，变出七彩童年》，危菲菲、王成莲老师的《2020年，用色彩编织一件最美丽的事》等教学实践成果先后发表于《当代教育家》杂志。有了良好的开端，便有更多老师加入进来。六年级语文组在张君老师的带领下，开展"走进鲁迅"的项目式学习研究，王成莲、蔡文敏、危菲菲老师开展的紧跟时代脉搏的项目式学习《致敬，袁隆平爷爷》也因此应运而生，研究成果先后发表于《当代教育家》杂志。

语文学科的教学研究，掀起了学校开展教育教学改革的高潮。数学学科开展了"数学文化教学重构的教学实践探究""小学数学魔术的开发与教学"，低年级数学组在钟佩德老师的带领下，开启了"如何成为金牌收银员"的项目式学习，梁银珊老师则结合学生的年龄特点，开展了"动手做数学"的实践探究。由此，各个学科的"全课程"实验全面展开，美术学科的"水墨重彩画""校园涂鸦"，体育学科的"花样大课间""德体劳一体"的课堂教学实践，音乐学科的分层走班、管乐团实验班，科学学科的"基于STEAM理念的课型建构"等，形成了百花齐放齐争艳的教育教学改革局面。

"每个老师都不一样，每个老师都很棒！"几年来，我们积极实践，努力反思，在"全课程"教育教学的探究中取得了一定的实践成果。成果属于大家，更属于那些积极实践、善于反思的老师们！

收集、整理研究成果，意在更好地总结前行，同时也能给予大家启示和借鉴。哲学家叔本华说："每个人都把自己视野的极限当成世界的极限。"我们只是在呈现自己的视野，呈现自己的实践，欢迎大家批评指正。

遇见"全课程"，是我们教育生涯的幸事！感谢李振村教授及其团队，感谢"全课程"！

王金发、蔡文敏

2022年1月

目录

绪　论　给儿童无限可能的"全课程" ┈┈┈┈┈┈┈┈┈┈┈┈┈┈┈┈ 1

第一章　大语文课堂教学新样态 ┈┈┈┈┈┈┈┈┈┈┈┈┈┈┈┈┈ 11

　第一节　大单元课堂教学新样态 ┈┈┈┈┈┈┈┈┈┈┈┈┈┈ 14

　第二节　基于项目式学习的语文课堂 ┈┈┈┈┈┈┈┈┈┈┈ 24

　第三节　整本书阅读教学策略研究 ┈┈┈┈┈┈┈┈┈┈┈┈ 44

　第四节　绘本阅读教学与表达策略 ┈┈┈┈┈┈┈┈┈┈┈┈ 59

　第五节　教育戏剧课程教学的探索 ┈┈┈┈┈┈┈┈┈┈┈┈ 75

第二章　智趣数学课堂教学新样态 ┈┈┈┈┈┈┈┈┈┈┈┈┈┈ 85

　第一节　小学数学文化课堂的教学建构及实践 ┈┈┈┈ 87

　第二节　小学数学魔术的开发与教学实践 ┈┈┈┈┈┈┈ 92

　第三节　动手做数学的课堂教学实践探究 ┈┈┈┈┈┈┈ 99

　第四节　基于项目式学习的小学数学课堂 ┈┈┈┈┈┈ 106

第三章　英语多元课堂教学新样态 ┈┈┈┈┈┈┈┈┈┈┈┈┈ 121

　第一节　基于项目式学习的小学英语绘本课堂教学模式 ┈┈┈ 123

　第二节　依托伊索寓言英语绘本突破口语表达教学策略 ┈┈ 131

　第三节　骨架文本教学与英语教育戏剧的"碰撞" ┈┈ 139

　第四节　基于"五构"课堂原理下的绘本阅读教学 ┈┈ 145

第四章　基于STEAM理念的科学课堂教学新样态 ┈┈┈┈┈ 155

　第一节　STEAM理念下的科学课堂教学新样态概述 ┈ 157

　第二节　STEAM理念的科学课堂教学新样态课例 ┈┈ 161

第五章　"全课程"视域下小学教育教学评价创新 …………… 183

　　第一节　评价改革的"莞外"表达 ………………………… 185

　　第二节　喜闻乐见的游考评价 …………………………… 189

附　　录　"全课程"实践成果统计 ………………………… 195

参考文献 ……………………………………………………… 201

绪 论　给儿童无限可能的"全课程"[①]

世界在飞速改变，2017年AlphaGo打败了围棋大师柯洁，机器人可以在几分钟内读取几万张棋谱。仅仅在四个月之后，AlphaGo Zero又打败了AlphaGo，它靠的不是运算速度，而是学会了下棋。在过去20年里，一些重复性的体力劳动者已经失业，而未来的20年里，即将失业的是重复性的脑力工作者。我们的教育，如果还是用同一时间，同一方法，传授过去的知识给现在的学生，显然会限制学生的未来成长。用这种过时的知识已经不能培养出未来时代需要的能力和人才。AI人工智能全科教师已经问世，和真人教师互相配合，开展教学，深受师生们的喜爱，因为这种相互配合的教学，大大提高了教学效率。未来，现代教育科技已逐渐应用于课堂，那么我们应该构建怎样的课程？怎样使学生走向未来？这是每个教育者都要深切思考的问题。

一、课程理念

孔子主张教授"六艺"，即礼、乐、射、御、书、数，《诗》《书》《礼》《乐》《易》《春秋》等"六书"是孔子所使用的基本教材。"六艺"偏重于才能和技术的训练，"六书"偏重于文化知识的学习，属于文的范围。他认为"志于道，据于德，依于仁，游于艺"，可见孔子的教学内容十分丰富，这些教学内容和学生的生活密不可分，符合社会的需要和个人人格的形成。同今日的人文教育课程对比，也就是文学和历史并重，哲学和艺术兼具，待人接物的礼节和安身立命的素质兼顾。通过这样的课程学习，学

---

① 本章节由东莞外国语学校小学部王成莲老师撰写。

生能认清自己，关心他人，热爱家庭，进而热爱社会和国家，实质就是培养全面发展的人。

英国教育家怀特海在他的《教育的目的》一书中写道："教育要以人为本，以儿童为中心。学生是有血有肉的人，教育的目的是激发和引导他们的自我发展之路。"①怀特海认为教育的目的要以人为本，强调激发和引导人的自我发展。

2016年9月13日《中国学生发展核心素养》正式发布。以培养全面发展的人为目标，确立了总体框架，包括文化基础、自主发展、社会参与三大方面，综合表现为人文底蕴、科学精神、学会学习、健康生活、责任担当、实践创新六大素养，具体细化为18个基本要点。在中国学生发展核心素养（图0-1-1）的统领下，各个学科都要依据学科特点确立本学科的核心素养。

图0-1-1 中国学生发展核心素养

综观古今中外，我们的教育一直追寻的本质规律，即以人为本，培养全面发展的人。

究竟怎样遵循教育的规律，进行既符合中国特色，又与国际接轨的教育教学？在苦苦追寻中，我们听说了"全课程"，在不断学习、尝试后，我们

————————————
① 怀特海.教育的目的［M］.庄莲平，王立中，译.上海：文汇出版社，2012，10.

对"全课程"理念的认识越来越清晰，对"全课程"理念越来越认同。

"全课程"教育体系创始人李振村教授将"全课程"定义为："全课程是以国家课程标准为指导，以培养全人为目标，以跨学科整合为策略，通过全时空、全方位、全身心的学习方式，营建全新的教育生态，并覆盖全部学校生活的综合课程。它既融合西方先进的教育理念，又结合中国的教育现状，为儿童提供一种生活化和游戏化结合的跨学科教育模式。"李振村老师还强调，"全课程"是理念系统，是一套方法论，一个资源库，目前是4.0升级版的"全课程"，以后还会不断地迭代更新。这也指引我们践行者，依照"全课程"的理念去不断实践，不断创新。

二、课程构建

在"全课程"理念的指引下，我们以培养全人为目标，以国家课程标准为指导，以国家统编教材为基础，进行跨学科整合，改变课堂结构，改善教学方式，我们欣喜地看到了学生对求知的渴望，对探究的热爱，我们深切地体会到"全课程"能带给学生更广阔的世界，能带给教育生态的无限生机。下面从"全课程"背景下的课程教什么、怎么教两方面进行阐述（图0-1-2）。

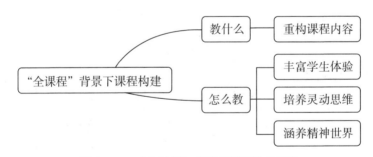

图0-1-2 "全课程"背景下课程构建框架

（一）给儿童无限可能的"全课程"——重构课程内容

李振村老师认为：每个儿童都是一个宇宙，我们对宇宙的了解多么浅薄，我们对儿童的了解就有多么浅薄。所以，要创新课程，首先要研究儿童。儿童是一切课程改革、教学改革的起点和归宿，没有第二个起点，也没有第二个归宿。"全课程"从哪里来？要到哪里去？一句话，"全课程"从儿童出发，回到儿童本身……儿童对世界的认识，几乎都是从自我出发的——我是谁，我从哪里来，要到哪里去，怎么去，我要跟世界建立什么样的关系，我要成为怎样独特的我。所以，"我"就成了我们教材的主脉络。[①]目前语文教学主题过于零散，一学期8个主题，六年96个主题，他们根据人类认知规律：整体优先效应，进行主题整合，把分散的、碎片化的主题整合为四大主题，即认识自己、认识社会、认识自然、自我管理，以帮助儿童完整地认知自己和世界。

潘莹莹的《小学低年级"全课程"教育及其实施》一文中，对"全课程"教学运作中的利弊进行了分析，在弊端中表现为"全课程"与传统课程衔接不畅。[②]

教学，首先要解决教什么的问题。基于"全课程"的明显优势，以及实施中容易存在的不足，我们进行了课程资源的重构，即从儿童出发，以国家课程标准为指导，以国家统编教材为基础，依照"全课程"理念进行课程内容重构。下面以一个案例进行阐释。

在教育部统编小学语文教材中，一年级下册有课文《端午粽》，三年级下册有综合性学习《中华传统节日》，四年级下册的语文要素有"学会提问"，六年级下册的口语交际是辩论，基于教材内容，以及教材中要求落实的语文要素，我们全校开展了"时空端午文化之旅"。"时空端午"课程计划如表0-1-1所示。

表0-1-1　　"时空端午"课程计划

年级	语文教材内容、语文要素	"时空端午"课程内容	"时空端午"课程教学策略	"时空端午"课程成果	"时空端午"课程庆典
一、二	课文《端午粽》	我眼中的端午节	读绘本—讲绘本—创绘本	讲绘本—创绘本	全校开展"醇香的端午"美食节庆典
三	综合性学习《中华传统节日》	东莞本土龙舟文化	阅读—参观、体验东莞石龙龙舟文化—教育戏剧表演	龙舟教育戏剧	

---

① 李振村."全课程"，给儿童一个丰富完整的世界［J］.当代教育家，2016，1.

② 潘莹莹.小学低年级"全课程"教育及其实施［J］.当代教育评论，2016，8.

续 表

年级	语文教材内容、语文要素	"时空端午"课程内容	"时空端午"课程教学策略	"时空端午"课程成果	"时空端午"课程庆典
四	学会提问	针对端午节提出自己最想研究的问题—梳理问题—研究问题—解决问题	隆重的开课仪式—有计划地读书、思考、交流、完成学习单—盛大的成果发布会	研究成果发布会	全校开展"醇香的端午"美食节庆典
五	学习小古文	阅读《离骚》（节选）、《渔父》	阅读《屈原传》、《楚国风云》、《离骚》（节选）、《渔父》感受屈原的伟大	演讲：我眼中的屈原	
六	口语交际：辩论	辩论：屈原以死明志更有意义，司马迁以生明志更有意义	阅读、搜集资料—班级辩论赛—年级辩论赛	年级开展辩论赛	

　　通过这样的整合，学生不仅要阅读教材里关于端午的文本，而且要对教材中的语文要素"提问策略"进行学习，对教材中的教学要求"辩论"等进行练习，更重要的是对这些零散的语文要素进行重组、延伸，使得学生对端午文化有更为深入的了解，对东莞本土龙舟文化有切身体验，从而让学习与生活产生了联系，拓宽了语文学习的渠道，用端午美食节为课程庆典，学生对学习的兴趣更加浓厚。

　　例如，针对统编教材四年级"提问策略"，教师引导学生思考：端午节，你最想了解什么？学生最初提出的一些问题比较浅显，如端午节有哪些习俗？端午节为什么吃粽子？这些问题可以学生互相解答，或者直接查找资料就可以知道答案。教师引导学生把"端午"放在时空这个大背景下再提问，学生的思维逐渐深入，接着梳理问题，学生的问题主要聚焦在：端午究竟纪念谁？不同朝代、不同民族、不同地域怎样过端午？屈原为什么要投汨罗江？

　　带着问题，各学习小组开始阅读、思考、研究，通过阅读相关书籍，收集、处理、加工信息，把端午节放在时空这样的背景下，学生了解了不同民族、不同朝代、不同地域的端午习俗，对端午文化的认识，其广度、宽度、深度，均有不同程度的延展。

学生深入阅读《屈原传》，了解屈原的一生，画出屈原的人生曲线图，分析屈原所在的楚国的历史背景，设想楚国如何做才能不灭亡，经过深度阅读，再来看待屈原投江这个问题，有学生感慨道："我敬佩屈原的浓浓爱国情，我也敬畏生命的伟大。"

接着各组把研究报告按照一定的顺序编排，印刷、装订成册，在"4·23"世界读书日，隆重举行研究报告成果发布会，我们邀请学校老师、家长，还有报社记者，一起共享收获喜悦。同学们讲述研究历程，分享研究成果，畅谈研究感悟。五十多本研究报告一售而空，所获收益我们准备用来再够买所需书籍，进行下一项研究。

学生亲历了提出问题—研究问题—汇总研究成果—创造研究价值这样的过程，明白了这样的历程仅通过教材中一个"提问策略"单元的学习是难以实现的。

最后，全校师生投入端午美食节中，将端午文化与美食融合在一起。漫游美食街，感受着"时空端午文化之旅"美好的文化氛围，学生展出的作品，弥漫着探究的味道，思考的味道，智慧的味道，这些味道与同学们亲手做的端午美味相融和，与端午粽叶飘香融为一体。

我们相信中华传统节日里的民族精神、民族魂魄已不知不觉间融入我们的血脉中，"端午"作为中国文化符号也已植入学生的生命中，这正是我们从儿童出发，立足教材，超越教材，整合课程资源，创造课程资源，使得学生在课程中认识自我，认识民族文化的意义所在。

（二）给儿童无限可能的"全课程"——丰富学生体验

当我们从儿童出发，以教材为基础，重组课程资源，明确了教什么，那么如何教就成为我们进一步要思考和付诸行动的问题。

脑科学研究表明：人类大脑中有很多神经元。学习的本质，就是不断促进大脑神经元产生新连接，丰富学生体验是促进神经元连接的最好方式。

我们发现学生对色彩很感兴趣，美术教材中刚好有认识三原色的课程，于是，我们将此课程与语文课程融合，与生活连接，让学生充分地体验色彩的魅力。

课程伊始，大家一起阅读绘本《颜色的秘密》，接着让学生用颜料去探究色彩的秘密，红+黄=橙，黄+蓝=绿，蓝+红=紫，红+黄+蓝=黑……然后引导学生说一说颜色带给我们的感受，从而进行诗歌创作，在充分的体验中，学生的创作热情喷涌而出，经典诗句层出不穷，如"红色，是外婆切的西瓜，是弟弟的小脸，是妈妈的红裙子，是爸爸带我放的鞭炮，是家人给我的爱"。

课程并没有到此结束，并让学生用喜欢的彩色纸折星星放在愿望瓶里，折千纸鹤串起来，并把这些礼物和关于色彩的诗歌，送给中考的学长们，初三的哥哥姐姐们看着这些彩色的礼物，激动地与学弟、学妹们紧紧相拥，宛如花婆婆用色彩做了一件让世界变得更美丽的事情。学生充分地融入色彩中，体验色彩的变化，色彩的情感，最后用色彩书写诗歌，创作祝福心愿，感受色彩的魅力，这一切都是体验，激活了学生无限的学习能量。

教育戏剧也是丰富学生体验的绝佳路径。每个年级每个学期至少精读一本经典书籍，并将经典书籍以教育戏剧作为展现形式，而且人人都要参与。去年学校体育节的主题是"演绎名著 点亮未来"，一年级的《十二生肖》等绘本，二年级的《白雪公主》等经典童话，三年级的《一百条裙子》《夏洛的网》，四年级的《绿野仙踪》《海的女儿》，五、六年级的《城南旧事》《西游记》等经典都在舞台上进行展示。

2021年，是伟大的中国共产党建党一百周年，围绕党的光辉历程，各年级阅读红色经典《王二小》《小兵张嘎》《小英雄雨来》《红岩》等，然后以一台教育戏剧"忆百年征程，立少年之志"的展演向党献礼。五年级的一位学生饰演江姐角色，演出后，记者采访她，她动情地说："将来我也要成为一名共产党员。"

这样的体验，丰富了学生的经历，经历即成长，经历即财富，经历产生智慧，这正诠释了"全课程"的理念：我们不仅要用大脑，而且要用整个身体来学习。每个学生都在角色自居的过程中，全身心地去体验，找到自我的感觉，并产生一种内在驱动力，驱使他们在"成为自己"的道路上不断前进——成为自己，成为更好的自己。

（三）给儿童无限可能的"全课程"——培养灵动思维

布鲁姆教育目标分类把人的认知思维过程从低级到高级分为六个层次，即记忆、理解、应用、分析、评价和创造。低阶思维是指较低层次的认知水平，如记忆、理解和应用，主要用于学习事实性知识或完成简单任务的能力；而高阶思维则超越简单的记忆和信息检索，如对问题的分析、综合、评价和创造，是一种以高层次认知水平为主的综合性能力。[①]如果我们的课堂仅仅停留在一些浅显的问题上，停留在记忆、理解知识的层面，那么学生的思维就没有得到很好的培养、发展。因此，在教学中，教师引导学生进行分析、综合、评价和创造，学生的思维发展才能走向深远、灵动。

在"全课程"理念的指引下，我们结合教材，连接生活，用驱动问题，引领学生思考，学生在向上攀爬的过程中，体验到思维深处的泉源喷涌，感受不断达到新高度的欢欣。

部编版六年级上册第八单元"走近鲁迅"编排了《少年闰土》《好的故事》《我的伯父鲁迅先生》《有的人》四篇课文。单元教学完毕后，学生大多都认为鲁迅是伟大的，是不苟言笑的，究竟怎样的伟大，学生的理解还不够深入。于是，我们重新设计驱动问题：鲁迅到底是个怎样的人？带着这样的驱动问题，我们指导学生拓展阅读《小学生鲁迅读本》，通过对比、分析和评价鲁迅笔下的人物，如阿Q，孔乙己，祥林嫂，长妈妈，少年、中年闰土；了解不同作家、学者、学生、普通人对鲁迅的认识；学生畅想和鲁迅是玩伴，在绍兴看社戏，到百草园找何首乌，围绕驱动问题，进行一系列的学习、思考、畅想、创作，一个真实、丰满的鲁迅走近了学生。

学生了解到"鲁迅先生的笑声是明朗的，他还喜欢讲笑话"，是这样一个幽默风趣的人，学生还了解到鲁迅不仅是大文豪，他的美术造诣同样高深，北京大学的校徽，北洋政府的"国徽"，都是鲁迅先生设计的；鲁迅亲自设计书籍封面，风格独特，自成一派；鲁迅喜欢版画，是中国版画收藏第

---

① 洛林·W.安德森.布鲁姆教育目标分类学［M］.蒋小平，张美琴，罗晶晶，译.北京：外语教学与研究出版社，2019，5.

一人。鲁迅小时候喜欢听故事，读小说，看带有插图的书，喜欢用薄而透亮的"荆川纸"覆在画面上，一笔一笔细细地影摹。学生欣喜地发现这些爱好为鲁迅的文学和美术素养，打下了扎实的基础。

（四）给儿童无限可能的"全课程"——涵养精神世界

弗洛伊德主义认为：对那些不幸的孩子来说，童年是治疗创伤的好时机，他们从作品中学习化解痛苦的知识和方法；对那些幸福的儿童来说，这些故事可以扩大他们的视野，了解人生，尽早武装自己。[①]

儿童通过对儿童文学的阅读和理解，被作品中的艺术形象所蕴含的思想和情感所打动，体会到现实生活中的种种情感，认识到什么是真正美的事物。他们对社会与人生的体验及认识都在阅读中得到深化和丰富，进而领悟到生活的真实含义。这一过程有助于儿童健康人格的养成。[②]

例如，在《海的女儿》中，人鱼公主为了获得人的灵魂，心甘情愿忍受那么多折磨，最后却为"成人之美"放弃了幸福的海底生活。再如，《爱丽丝漫游奇境》中的爱丽丝，她具有强烈的正义感，总是热心帮助那些不幸的人。又如，《彼得·潘》中的那个"永无岛"，在这个"岛"上，儿童可以看到梦想，看到自由，看到无限的生存，看到人之为人的目的，而这些将有助于儿童塑造健全的人格。可以说，儿童文学是一座沟通儿童与现实、儿童与历史、儿童与未来、儿童与成人、儿童与儿童的精神桥梁。通过阅读，儿童与书中的世界对话，形成情感积淀，拥有一个充盈的内心世界。这也正如"全课程"专家团队常丽华老师所说："我们要让孩子阅读的是《青鸟》《秘密花园》，而不是《巴黎圣母院》。"

例如，我们一起共读《一百条裙子》，学生们畅谈书中的角色，一个学生说，自己真希望书中的旺达回到班级，当面和他道歉，于是学生开始动笔给旺达写道歉信，句句真诚，发自肺腑。学生们还突发奇想，要邀请旺达回到班级中，把旺达设计的裙子做出来，举办一个时装秀。

---

① 白静.童话对儿童心理发展的价值［D］.郑州：河南大学，2007.

② 方卫平，王昆建.儿童文学教程［M］.北京：高等教育出版社，2004.

学生们将作品改编成了喜剧结局，这既是他们创造力的表现，也是学生们对自己曾经那样嘲笑旺达的一丝歉意，期待得到旺达的谅解，更是对自己内疚、自责的一份弥补。学生们喜欢这样的结局，似乎这样的结局能让学生们的内心更安宁，这何尝不是对学生心灵的救赎？这何尝不是一次对心灵的涤荡？这何尝不是学生们真诚、美好心灵的成长？

当我们再回归到初始问题，"一百条裙子"代表什么时，学生的回答是多元的。我们每个人的心中都珍藏着一百条裙子，它是尊重、平等、友善、梦想的象征，它时常提醒我们不漠视、嘲笑别人；当不愉快的事情发生时，我们应该勇敢地说不，绝不去当一个"帮凶"；当我们的内心拥有美好时，我们会对一切充满感激和爱，善待一切，特别是对一些柔弱的人和事物，更应该给予加倍的呵护；当然，我们的心中始终都有美好的梦想，并努力追寻，希望我们每个同学都拥有"一百条裙子"……从学生们澄澈的眼神中，我分明感受到这场丰富的阅读，是一次精神成长之旅，我们愿意努力在每个学生的童年涂抹上高尚的精神底色，而这是普通教材文本和普通课堂，难以企及的。

以上我们试图从"重构课程资源"，明晰了教什么，从"丰富学生体验、培养灵动思维、涵养精神世界"三个视角，阐释了怎么教。

在"聚焦新课程探究新评价"主题研讨会上，华东师范大学课程与教学研究所所长崔允漷做了主旨报告《新教学"新"在哪里》，他说："新一轮义务教育课标的修订，即将带来教学上的变革。义务教育阶段要非常关注综合学习。加强学科内知识整合，推进跨学科学习，建设综合课程。在新课标中，每一门课标国家都要求花费10%的时间来开发跨学科主题，在教材层面必须要保证将10%的跨学科内容设计出来。"这更加明确了我们的研究、实践方向是正确的。

各学科如何从学生的角度出发，在本学科的基础上，以"全课程"理念为指导，进行跨学科学习，我们尝试构建一些课堂教学模式，以利于教师依据教学模式进行课程研发，此部分将在后面的章节呈现。当然教学模式，并不是模式化，教学模式只是提供一些路径、样态，让课程创造者自己去不断创新。

未来并不遥远，让我们勇敢去创新、去实践能带给儿童无限可能的"全课程"。

大语文课堂教学新样态

《义务教育语文课程标准（2011年版）》中强调：教师应确立适应社会发展和学生需求的语文教育观念，正确理解、把握教材内容，创造性地使用教材。教学中努力体现语文课程的实践性和综合性，开展综合性学习活动，拓宽学生的学习空间。[①]

全课程创始人李振村先生倡导的"全课程"理念正是"教育即生活"，他认为"全课程"的核心是为学生构建有意义、有趣味的教育生活，让学生有丰富的情感体验，能够形成健全的人格和广博的智力，让他们拥有真正快乐的童年，从而逐渐改变以学科为中心的单调乏味的学习生活方式。"全课程"理念在以儿童为本，遵循儿童成长规律的同时，也与语文学习的规律，国家倡导的《义务教育语文课程标准（2011年版）》相一致。

我们在"全课程"理念指引的教学实践中，尝试进行大单元主题教学、项目式学习、整本书阅读教学，以及教育戏剧学习。为什么从这四个方面进行？源于以下四点。

一、整体大于部分之和

根据系统论认知：整体大于部分之和。传统的教学多数是一篇篇课文的学习，是零敲碎打的碎片化学习，学生看到的是零散的，是单棵树木，而不见整体，不见森林。因此，我们在教材单元的基础上，拓宽教材的视域，进行重组，缩减零散的细枝末节，进行大单元主题教学。教育部基础教育指导委员会副主任张卓玉进行《双减背景下的质量提升：机遇与挑战》主题分享时，明确了新课标的四大关键概念，包括大观念、大任务、真实性、实践性。他强调指出："大任务是大观念的承载体，所以大单元教学应运而生，将来小学、初中的教学改革也会是走向大单元、大任务、大观念的路子。什么是大任务？将学习内容统整在一件事，一个问题，一项任务中。[②]"这与我们进行大单元主题教学的初衷不谋而合。

---

① 教育部，义务教育语文课程标准（2011年版）[M].北京：北京师范大学出版社，2012.

② "中小学老师参考"微信公众号，来自海南省教育学会2021年度学术年会，节选自张卓玉《双减背景下的质量提升：机遇与挑战》的主题分享。

二、解决真实问题让学习更有意义

教育部基础教育指导委员会副主任张卓玉进行《双减背景下的质量提升：机遇与挑战》主题分享时，还指出："在完成任务中学习，从做中学。在过程中追求真实性，建立真实生活与学科知识的连接，以连接点为学习点。像专家那样真实面对，真实思考，真实解决问题。"[1]这也正是我们依据生活中与儿童密切相关的事情，针对真实的驱动问题，开展项目式学习的意义。让"语文学习的外延与生活的外延相等"，让学习产生真正的意义。

三、整本书阅读拓宽学习视野

我们依托教材，根据学生的不同成长阶段，拓展整本书阅读；根据学生的精神世界成长，给予他们整本书阅读的意义。在生活中阅读，将阅读与生活紧密相连，在阅读中激发阅读兴趣，在深度阅读中培养思维品质，在广泛阅读中开阔学生看世界的视野。

四、用教育戏剧让学习更投入

"全课程"倡导用整个身体来学习，教育戏剧正是热身学习，是全身心地投入学习的恰当方式。我们阅读经典，创作剧本，角色竞选，人人参与到教育戏剧中，演绎作品，诠释作品的内涵，助力自我精神的成长。全身心投入其中，感受"重要的主角，伟大的配角"的意义。

这四个方面既相对独立，立体多维，又相辅相成，融为一体。大单元主题教学离不开整本书阅读；项目式学习需要带着问题去阅读、思考与实践；教育戏剧离不开阅读，是阅读收获的可视化再现；阅读又在大单元教学、项目式学习、教育戏剧中得以体现价值。总之，其宗旨是以儿童为本，在生活中"具身学习"。其具体实践与思考将在以下章节中呈现。[2]

---

[1] "中小学老师参考"微信公众号，来自海南省教育学会2021年度学术年会，节选自张卓玉《双减背景下的质量提升：机遇与挑战》的主题分享。

[2] 以上由东莞外国语学校小学部王成莲老师撰写。

第一节　大单元课堂教学新样态[①]

——以"与春天有个约会"大单元教学实践为例

"全课程"，是著名教育专家李振村先生创立的小学教育课程体系。"全课程"倡导"具身学习、热认知"，即用整个身体，进行全脑、全身、全息、全时空的学习。"全课程"注重学科融合，追求把学生送到更广大的世界中去体验，探索和思考，所以，在课程设计时强调要与孩子的生命连接，与生活连接，与自然连接，与自我连接，甚至还要与文化、与世界连接。基于此，我们在大单元语文教学实践中努力探索，以课标为纲，以教材为基，以学生为本，通过提炼相对合适的单元主题，发掘单元人文主题与各种语文要素之间的有机联系，把多种要素结合起来，本着"学科融合、具身学习、真实情境"的原则，注重对学生学习方法的指导和训练，让学生完整地理解学习内容和建构知识，从碎片化走向建构化，再走向个性化，通过这样做，学生学习语文的过程就成为学生语文素养发展的过程。下面以"与春天有个约会"大单元教学实践为例，谈谈在"全课程"视域下语文大单元教学新样态的初探。

一、选题——立足教材，提炼单元主题

小学语文大单元教学的选题要从学生的学习需求、心理需要着手，连接

---

① 本章节由东莞外国语学校小学部吴兴妍老师撰写。

学生的真实生活，以小学语文课程标准为依据，结合学科特点、学生认知特征、生活经验、学习的空间场域来确定和提炼大单元主题。提炼后的单元目标与主题，要使教学目标更加集中，能统领单元的情境与任务，能更加自然流畅地实现单元的多重教育价值。

例如，部编版语文教材二年级下册第一单元的人文主题是"春天美景"。该单元以"春天"为主题，选编了四篇体裁不同的课文，有古诗、散文、童话故事，还有记叙文。在诗句中描述春天的美丽、在散文中抒发学生寻找春天的快乐、在童话中畅想礼物的神奇和美好，意在引导学生发现、感受春天里大自然的美好和人物内心的美好。而语文的工具目标仅仅就是认识63个生字，会写34个字，会写31个词语，并用自己的话说出诗句中描写的美景。

早读课上，学生们大声地朗读这几篇课文，一下课就有几个学生跑过来问我："我们放学后能不能也去放纸鸢呢？"其中一个学生说："我也想去找春天，我想找到解冻的小溪和刚探出头来的小草！"另一个学生赶忙说："广东的小溪冬天都不冻冰，哪里有解冻的小溪呢？"听着他们叽叽喳喳地争论，我在想：孩子们的好奇心是多么宝贵啊！一年之计在于春，我们怎么能浪费春天的大好时光呢？基于学生的学习需要，二年级下学期第一个大单元学习主题我们就找到了，与学生商议后，单元主题就定为"与春天有个约会"。

主题确定后，我们开始思考要让学生在这个大单元主题学习中达成怎样的目标呢？教师要认真分析教材和年段目标，努力寻找多重目标之间的有机联系，特别是要建立人文价值目标与工具价值目标之间的联系，以素养为本进行有机整合。我们要通过语文大单元的学习架起教材与生活的桥梁，将主题深化，将语文综合性、实践性的学科特点落到实处（表1-1-1）。

表1-1-1 "与春天有个约会"大单元教学学习目标

知识目标	1.认识63个生字，会写34个字，会写31个词语。 2.背诵《古诗两首》。大量背诵描写春天的古诗词。 3.学会想象，恰当运用修辞的方法。

能力目标 （听、说、读、写）	1.能在阅读中有意识地积累描写春天的好词佳句。 2.朗读文章时能注意语气、重音和停连，能入情入境地朗读。 3.能用自己的话说出诗句中以及大自然中亲眼所见的春天美景。 4.能坚持长期细致地观察，初步掌握写自然观察笔记的方法。 5.运用联想与想象，把春天的景色描写生动描写具体。
情感目标	感受春天的美好。能用自己喜欢的方式表达对春天的喜爱之情。

二、开题——注重仪式，语文与生活连接

低年级学生好奇心强，注意力容易分散，低年级的大单元教学要充分考虑到这一年龄段学生的特点，以学生为本，教师要精心策划开题课，上一节能给学生留下深刻印象的开题课，上一节能激发学生深度思维的开题课，上一节仪式感满满的令人回味无穷的开题课。怎样才能让学生感受到仪式感呢？简单来说，可以依托场景的设置、优美的语言、柔美的音乐等艺术形式，让儿童的心灵与外在事物完美结合。

在"与春天有个约会"的开题课上，我改变了传统的在教室里上课的做法，而是把学生带到校园的大草坪上坐下，老师扮演春姑娘（换装）在轻柔的音乐声中缓缓而出，"春姑娘"手腕挎着竹篮，里面装满了鲜花，边走边吟唱单元开启诗——《春天的味道》。

春天是什么味道？

小蜜蜂说，是甜的，

如甜蜜的花汁，似甜蜜的生活。

春天是什么味道？

小蝴蝶说，是香的，

如芳香扑鼻的花香，似香甜的空气。

我说，春天的味道是五彩缤纷的，

瞧！这儿，那儿，花开朵朵！

"春姑娘"用她的魔棒把一个个小精灵带入到美丽的春天里。

正当学生沉浸在充满春意的环境和意境中时，"春姑娘"相机提出下面的问题：

"春天里都有哪些花会开放？"

"小小的种子是怎样长大的呢？"

"你们知道春季有哪些节气？"

"东莞的春天为什么还会落叶？"

"关于春天，你知道些什么？还想知道什么呢？"

"你会朗诵哪些关于春天的诗歌呢？"

……

这样的开题方式对于二年级的学生来说仪式感很强。这种仪式感就像一种"场"的作用，让学生置身于真实的情境中，使他们全身心地投入学习当中，更好地激发他们探究的欲望与热情。在老师的启发下学生纷纷提出自己的想法，最后师生共同探讨出大单元学习的任务："找春天""春之植物""春之气象""春之活动""春之故事""春之比赛"等易于操作又充满趣味的小主题，为大单元主题的深度学习做好了充分的准备。

三、设计——定好方案，夯实语文要素

语文学习的内容是丰富的，教育价值也是多样的，大单元教学就是要培养学生的语文素养，所以在大单元教学方案设计时必须以学习语言运用为基础，夯实语文要素。思维、文化、审美、品德、修养等方面的发展，都是通过语言运用、感悟文本、欣赏品析来实现的（表1-1-2）。

表1-1-2　"与春天有个约会"大单元教学"语文要素"实施

序号	学习任务	课内阅读	学习形式	拓展阅读	语文要素
1	找春天	第2课《找春天》	课内阅读与方法指导；小组户外观察；图文写话；	《（4月）森林报故事绘本》《春天在哪里》《14只老鼠去春游》《春天什么时候来》	1.在绘本中了解春天的特点，激发学生探索的欲望及对周围事物强烈的好奇心。 2.从绘本中积累描写春天的词汇和表达句式。 3.观察大自然，用口头或图文方式记录自己的所见，能恰当地表达自己的想法和情感。

序号	学习任务	课内阅读	学习形式	拓展阅读	语文要素
2	春之植物——介绍一种植物	第3课《开满鲜花的小路》	课内阅读与方法指导；自主查阅；说与写	《一粒种子》《彩虹色的花》《最美的四季科普——春》《笋芽儿》	1.学会使用搜索工具。2.句式训练，清晰表达。
	春之植物——向日葵成长记		种向日葵、坚持观察、写观察笔记		1.掌握自然观察笔记的书写格式。2.细致观察，能抓住事物的特点进行描写，初步了解把事物写具体的方法。3.展开想象，能恰当地运用修辞手法。
3	春之气象——走进气象局		课内阅读与方法指导；研学实践	《风到哪里去了》《是谁唤醒了春姑娘》《这就是二十四节气——春》	绘制参观的思维导图。
4	春之活动——玩转草木染		课内阅读与方法指导；草木染实践；写作	《春天来了》	1.正确使用逗号、句号、问号和感叹号。2.制作文章叙述图表，梳理结构。3.激发学生对传统文化的热爱。
5	春之故事——我讲春天的故事	第4课《邓小平爷爷植树》	课内阅读与方法指导；阅读与演讲	《春天的兔子》《小牛的春天》《巨人和春天》《遇见春天》《999个青蛙兄弟的春天》	1.喜欢阅读，感受阅读的乐趣。2.在阅读中，能联系上下文理解词句，体会其作用。3.初步培养抓关键词句，概括文章的能力。4.培养学生喜欢表达，自信表达的能力。

续 表

序号	学习任务	课内阅读	学习形式	拓展阅读	语文要素
6	春之比赛——"春"诗歌大赛	第1课《古诗二首》——《村居》《咏柳》《语文园地一》——《赋得古原草送别》	课内阅读与方法指导；背诵积累；活动比赛	1.有关春季中6个节气的古诗12首。 2.与春有关的五言或七言诗共10首。 3.与春有关的宋词共8首。	1.能在理解的基础上积累33首描写"春"的诗词。 2.能正确、流利、有理解地朗读诗歌。 3.通过语调、韵律、节奏体会作品的内容和情感。

　　在"与春天有个约会"大单元设计方案中，有课内精读课文三篇，背诵古诗两首，以课内带动课外，围绕这个大单元主题，我们设计了六个小专题，在每个小专题的实施过程中，都要对准要落实的语文要素来制定学生的学习形式和拓展阅读的内容。在这个大单元中我们一共设计拓展阅读16本绘本图书，六个小专题就是六次主题实践活动，包含了亲近自然、动手实践、研学参观、科学探究、演讲比赛等，学生在亲身实践中学语文、用语文。这样的学习真正地与学生的生活、自身和自然连接在一起，真实生活情境中的学习，使语文更加鲜活，更加丰富多彩，学习不再需要死记硬背，不再是枯燥乏味的，阅读是幸福的，写作是快乐的，学习就是生活，生活就是在学习。这样的大单元教学过程逻辑清晰，各项教学内容有机整合，真正发挥了"1+1>2"的综合效应。

四、指导——搭建支架，实现自主学习

　　学生在学习实践中总会遇到各种困难，因此，教师的指导尤为重要。教师不仅要丰富实践形式，而且要制定有指导性的学习单，为学生搭建学习框架，让学生根据学习单上的步骤及说明就能基本解决在实践中遇到的困难，让他们对语文实践充满信心，时刻准备迎接新的挑战。

　　在"与春天有个约会"单元教学中，作业设计特别有意思，有"寻找春天""寻梦春天""写向日葵的观察笔记""玩转草木染""我讲春天的故事"……

　　每项作业都是在教师的指导下去做的，有时作业是抒发自己情感的窗口，有时作业是开口读、动手做、用眼看的有趣实践，有时作业就是一份有趣的学习单，同学们非常享受做作业的过程。在此过程中，教师要留心观察学生的活动情况，发现问题及时给予学生方法的指导，帮助学生解决问题，促进学生能顺利、持续地进行下面的学习活动（图1-1-1和图1-1-2）。

写诗作业：春天的梦

向日葵的观察笔记

草木染作品

户外实践作业：寻找春天

图1-1-1　学生作业举例

　　指导明晰的"学习任务单"（图1-1-2）为学生的自主学习搭桥铺路；丰富有趣的作业形式，使完成作业不再是教师强加给学生的繁重任务，而是学生乐于参与的语文实践活动。这样的方法指导，培养了学生自主学习的能力，变"要我学"为"我要学"。我们的语文教育就是要返璞归真：回归生活、回到人、关注人、以人为中心。

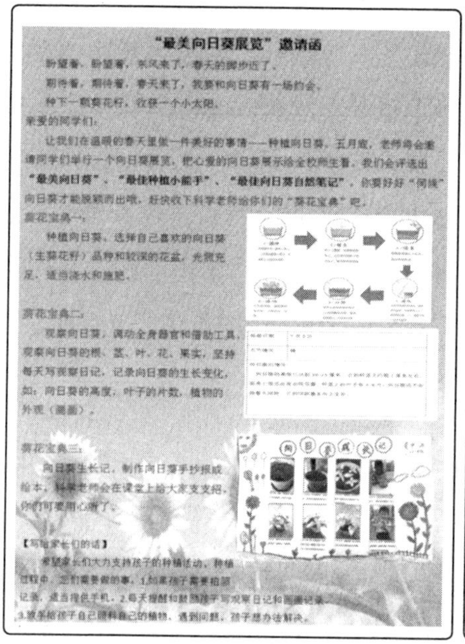

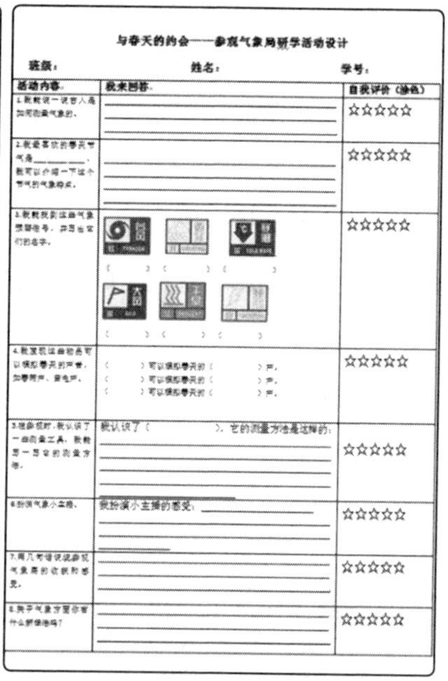

"我的植物朋友——向日葵成长记"学习单　　　"走进气象局"学习单

图1-1-2　学习任务单

五、展评——教学相长，搭建分享平台

在"全课程"视域下的大单元教学中，每位同学都是学习的主角，成果展评课就是为了帮助学生认识自我、欣赏自我而搭建的学习平台，也是同学间互相欣赏、互相学习的平台，更是情感交流的平台。学生在成果展评课上找到学习的自信，收获成长的喜悦和创造价值的快感。同时，在成果展评中深化了对单元主题的研究，促进了学生思维方式的改变，使他们的思考方式更立体、更全面。

另外，成果展评课的评价体系也要建立和完善。好的评价，对教师来讲，可以明确教学中取得的成就和需要努力的方向，促使教师进一步地研究教学内容、教学方法；对于学生来说，可以诊断学生在学习中存在的问题与困难，还能加深学生对自己学习状况的了解，起到激发学习动机的作用。评价指标要紧扣大单元的总目标，确定合理的评价标准，设计科学的评价程序。

21

在"与春天有个约会"大单元教学中，成果展评课中我们不仅有各种作品展示（图1-1-3），还有"招聘小导游""气象小知识擂台赛""春诗诵读赛"等。小组成员共同准备，向全班汇报学习成果。教师要在学生汇报过程中综合点评，明确评价规则，有的还要给出评价量表。结合信息技术的支持，汇报时可以配以PPT、音乐效果，借助多媒体设备与投影设备展示学生的学习成果。参考教师为学生提供的多维度的评价量表，小组之间要互相给予评价，取长补短。

创意向日葵展

"春之梦"诗歌展

向日葵自然笔记展

气象小知识擂台赛

图1-1-3　成果展评举例

通过实践，我们发现："全课程"视域下语文大单元教学，最大的优势就是打破原有的学科壁垒，实现学科间的融合。这种大单元教学模式能够以点带面，融合课内教材与课外阅读，融合各学科优势资源，以活动促读写，以读写促感悟，打通知识与能力、情感与态度认知的壁垒，培养了学生的研究意识、实践能力和创新精神；这种教学模式让知识和技能镶嵌在具体的情境中，重在学习语言运用，把学习与生活联系起来，使语文课更有语文味、更有生活味。语文的学习成为学生生活积累、接受民族文化熏陶、生命体验的历程，这样的语文课是全方位的、全时空的，培养全面发展的人；这种教学模式促使教师改变教学方式，实现由教课文到用课文、教语文的转变，且能促进教师在这个过程中更关注个体差异，满足不同学生的学习需要，激发学生的学习积极性，使每个学生都能在实践中得到充分发展。总之，大单元教学课程内容丰富多元，多种课型梯次进行，教学目标螺旋上升，教学成果具有可展示性，便于交流和品鉴。大单元教学从根本上改变了语文课程课外阅读量不足、课内外阅读脱节的现状，保证了学生阅读的数量与质量。这样坚持下去，学生的语文综合素养必然会得到有效提升。"与春天有个约会"大单元教学"学科融合"一览如图1-1-4所示。

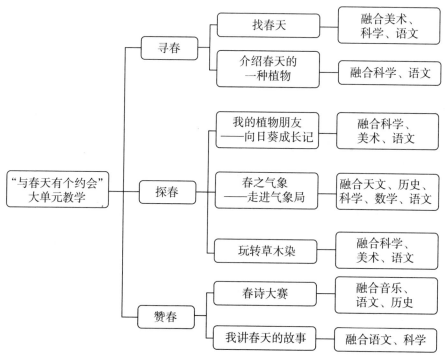

图1-1-4　"与春天有个约会"大单元教学"学科融合"一览

第二节　基于项目式学习的语文课堂

什么是项目式学习，国内外有许多学者从不同角度进行了论述。不过，我更欣赏北京市第八十中学的阮祥兵老师在《项目式学习教学策略应用初探》一文中表述的："所谓项目式学习，是模拟现实世界中专业人员的工作方式，学习者以行动的形式参与承载学习内容的项目，经历计划与实施的探究过程，解决特定主题的问题，从而建构对知识的深层次理解，综合培养各种能力的一种学习方式。"这样的解读通俗易懂。

项目式学习，是以建构主义理论、多元智能理论、实用主义理论、终身学习理论等为理论依据，同时以学生为中心设计执行项目的教与学的方法，它提供一些关键素材，构建一个自主探究的学习环境，并在这样的一个环境里主动探索真实世界的问题和挑战。

项目式学习的过程并不关注学生们用定义的解决方案去解决问题。它允许学生们在试图解决问题的过程中展现出来技巧和能力，包括怎样获取知识，如何计划项目方案以及控制项目的实施，如何加强小组的沟通和合作等。

项目式学习过程包含了几个重要的环节：一是提出具有挑战性的问题；二是制定确实可行的实施方案；三是创设主动探究的学习环境。四是注重解决现实存在的问题；五是学习过程中的评价与反思。

在项目计划制订时，要考虑以下几个问题。

（1）关注学生用于解决问题的重点知识和技能，并在学习探究中得到重组和改造，成为新的知识。学生的探究是基于一定的知识和能力的，绝不是空中楼阁，为此，我们设计的项目式学习，要符合学生的年龄特点，紧扣学生的知识和逻辑起点，这样的学习探究才会更加有效。

（2）要设计具有挑战性的问题。设计具有挑战性的问题，是开展项目式学习的先决条件，只有问题具有挑战性，学生才有探究的欲望和冲动。

（3）要提供可持续追问的情境。问题设计要具有可持续性，这样才可以使探究层层深入。这样的问题设计，就是一连串的问题串，使学生不知不觉地在不断追问中展开了持续、深入的探究。

（4）保持对真实世界的思考与观察。这就要求我们探究的问题要来源于生活，来源于现实世界，学生的探究是具有现实意义的。

（5）保证学生拥有自主选择的权利。项目式学习，是以学生为中心的自主探究，因此，对于教师而言，要适度隐退，是助学者、引路人，而不要跨越界限，充分发挥学生自主选择的权利，促进学生的自主探究。

（6）在学习探究中学会反思与调整。探究中，学会反思和调整很重要，因为实践探究很难一帆风顺，往往需要在探究的过程中不断反思，调整探究策略，才能推动探究不断深入。

（7）允许学生采取合理的各种形式发布研究成果。各种形式发布研究成果，让学生在自我的展示中获得成就感。①

以下是我们的语文组教师开展的项目式学习探究活动，请跟着我们一起来感受项目式学习吧！

案例一："走近鲁迅，发现鲁迅"项目式学习之旅②

鲁迅是一个丰富多彩的人，一本渊博厚重的书，可我们常常只了解其中一面……

（一）项目源起——鲁迅是个怎样的人

部编版六年级下册第八单元"走近鲁迅"编排了《少年闰土》《好的故事》《我的伯父鲁迅先生》《有的人》四篇课文。单元教学完毕后，学生

---

① 以上由东莞外国语学校小学部王金发老师撰写。

② 本章节为东莞外国语学校小学部张君老师撰写，2021年5月以《迅哥儿，交个朋友吧》为题发表于《当代教育家》。

心中，鲁迅是个怎样的人？笔者做了个小调查：用几个词句写出你心中的鲁迅。统计结果如表1-2-1所示。

表1-2-1　我心中的鲁迅

我心中的鲁迅	为自己想得少为别人想得多	著名作家	伟大精神	横眉冷对	忧国忧民	严肃认真	幽默有趣	关爱孩子
占比	92%	86%	72%	69%	67%	61%	17%	9%

学生对鲁迅的了解，多半来自教材中的课文和教师的介绍，尽管教材的选文力求多角度呈现鲁迅的形象，但学生理解的鲁迅形象依然只是"伟大"这一面。学生对鲁迅的认识，也受鲁迅"形象"的影响。我们搜索鲁迅的肖像画，几乎所有的"鲁迅"都是横眉冷对、不苟言笑的。

鲁迅有着伟大的人格魅力和精神境界与格局，这是毋庸置疑的。学生理解鲁迅，仅仅认识到鲁迅伟大还不够。偏狭的认知，是难以真正走近鲁迅的。

鲁迅作为普通人的一面也是丰富多彩的，平易近人的，鲜活生动的。萧红在《回忆鲁迅先生》中开篇描述道："鲁迅先生的笑声是明朗的，是从心里的欢喜。若有人说了什么可笑的话，鲁迅先生笑得连烟卷都拿不住了，常常是笑得咳嗽起来。"剧作家夏衍评价鲁迅"幽默得要命"。曾与鲁迅先生一家同住在北京胡同的俞芳在其回忆录《我记忆中的鲁迅先生》中写道："他是个很会说笑话的人，……他只要有空儿坐上一阵，屋子里便会笑声不绝。"陈丹青在《笑谈大先生》中也写道："鲁迅先生好看，好玩。"

阅读到鲁迅才华的另一面，学生是满满的佩服，不由地发出惊叹，展现出欲一探究竟的状态。学生心中自然会产生一个疑问：鲁迅到底是个怎样的人？鲁迅的世界怎么会如此丰富？越走近鲁迅，学生的脑海中就越生发出众多的问号，这些问号"黏合"着学生好奇心，吸引他们进一步走近鲁迅，阅读鲁迅，探究鲁迅，发现鲁迅。

（二）百草园里，寻找鲁迅童年的模样

徜徉于百草园，驻足于三味书屋，从这里出发，阅读鲁迅的文章，走近鲁迅的童年，我们会发现鲁迅的童年犹如一个万花筒。

1. 迅哥儿，做"我"的玩伴吧

"我家的后面有一个很大的园，相传叫作百草园。"百草园，鲁迅家的后花园，是蔬菜园、草药园、昆虫园，花鸟园，更是鲁迅的乐园。"油蛉在这里低唱，蟋蟀们在这里弹琴。翻开断砖来，有时会遇见蜈蚣；还有斑蝥，倘若用手指按住它的脊梁，便会啪的一声，从后窍喷出一阵烟雾。"朗读鲁迅这段回忆百草园童年生活的文字，学生会情不自禁地走进鲁迅的童年，与鲁迅一起乐在其中。

百草园的美，美在色彩鲜亮，碧绿的菜畦，紫红的桑椹；美在动静相宜，肥胖的黄蜂伏在菜花上，轻捷的叫天子（云雀）忽然从草间直窜向云霄里去了；美在错落有致，高大的皂荚树，低矮的泥墙根，欣赏这一切，过足了眼瘾。百草园的美好来自声音——鸣蝉长吟，蟋蟀弹琴，油蛉低唱，聆听着大自然的声音，饱了耳福。百草园的快乐在于能动手玩——找蟋蟀，逗斑蝥，挖何首乌，摘覆盆子，体验到了动手操作的快乐。又酸又甜的覆盆子与桑椹，还满足了味蕾的快感。

这样的百草园，是如此精彩纷呈，好看好听好玩。百草园不仅是鲁迅的乐园，也是学生心驰神往的乐园。

阅读鲁迅的作品《从百草园到三味书屋》《社戏》我们可以看到鲁迅在童年时期玩耍、探索的模样。

有人说，何首乌根是有像人形的，吃了便可以成仙，我于是常常拔它起来，牵连不断地拔起来，也曾因此弄坏了泥墙。

——挖何首乌损坏墙根

三味书屋后面也有一个园，……可以爬上花坛去折腊梅花，在地上或桂花树上寻蝉蜕。最好的工作是捉了苍蝇喂蚂蚁。

——折腊梅，寻蝉蜕，捉苍蝇喂蚂蚁

先生读书入神的时候，于我们是很相宜的。有几个便用纸糊的盔甲套在指甲上做戏。……蒙在小说的绣像上一个个描下来。

——老师眼皮底下玩纸盔甲套指甲，描绣像

把散落在文章中对鲁迅童年时期玩耍的描写汇集在一起，学生看到的是一个爱玩、淘气、好探究的鲁迅。童年时期鲁迅的玩耍贴近大自然，与昆虫为朋，与花草为友，玩得率真，玩得痴迷。描写鲁迅童年玩耍的情节还有很多，如看完社戏，与小伙伴偷罗汉豆；雪地里捕鸟；拆解万花筒却不能完好地复原。学生读了会感到十分亲近，仿佛鲁迅就是自己的伙伴。读着读着，学生会对鲁迅产生亲近感，心会慢慢地靠近鲁迅，真挚的情感也会流露出来。

"丁零零"，兴趣班下课了，我拖着一身疲惫走在路上。"叮咚"，手机一响，我打开一看：一起来玩吗？

——鲁迅

这一段颇具代入感的与鲁迅的"约见"，带来极大的想象空间。

走进鲁迅的生活，在什么地方？那里的风景、物候如何？鲁迅把他哪些伙伴介绍给你？你们在一起玩了什么？鲁迅用什么美食招待你？你们聊了哪些有趣的事情？回答这些问题，就需要阅读鲁迅的文章，从中探究发现。

鲁迅走进你的生活，你会向鲁迅讲述什么？是美食、游戏，还是学业。鲁迅对你的兴趣班感兴趣吗？你的感受和观点，能准确地讲给他听吗？看到你辛苦地读书，鲁迅有什么看法，是赞同，还是反对？

学生走进鲁迅的生活，鲁迅走进学生的生活，产生交流，形成开放的对话场景，把鲁迅的生活与学生的生活对接起来，驱动了阅读，促进了思考，还让阅读与写作自然发生。

2. 迅哥儿，你的最爱是什么

走进三味书屋，鲁迅开启了求取学问的人生。"先生，'怪哉'这虫是怎么回事？"这是鲁迅向寿镜吾先生发出的萦绕在他脑海中的困惑？老先生很生气，没有给他答案。这个问题，学生读到这儿，也很好奇。

"怪哉虫"是东方朔的故事，源于《太平广记》，关联着鲁迅童年的阅读背景；这说明鲁迅在入读三味书屋前，已经涉猎此书。那么问题来了：鲁迅童年时读过哪些书？学生用这样的问题引领阅读，展开探究，启发思考，自然会读有所获。

一面又在渴慕着绘图的《山海经》。这渴慕是从一个远房的叔祖惹起来的。……他的书斋里，看见过陆玑的《毛诗草木鸟兽虫鱼疏》……我那时最爱看的是《花镜》，上面有许多图。他说给我听，曾经有一部绘图的《山海经》，画着人面的兽，九头的蛇，三脚的鸟，生着翅膀的人，没有头而以两乳当作眼睛的怪物，……可惜现在不知道放在那里了。

——选自《阿长与山海经》

在远房叔祖的书房里，鲁迅如饥似渴地阅读到很多书，文中提到的书，定是鲁迅的最爱。

《山海经》是鲁迅渴慕已久的书。长妈妈费尽周折给鲁迅"淘"到手，令鲁迅感激不尽。《毛诗草木鸟兽虫鱼疏》为三国时期的陆玑所著，专门对《诗经》中记载的动植物进行研究，是一本为《诗经》做注解的书。《花镜》是一本记载种花理论和经验的书。从中看出，那时的鲁迅对动植物学等方面的书有着浓厚的兴趣。其实，"怪哉虫"也好，《山海经》中的"人面的兽，九头的蛇，三脚的鸟"也罢，无不说明鲁迅童年时期最大的爱好——痴迷于草木花鸟鱼虫而无法自拔。

读的书多起来，画的画儿也多起来；书没有读成，画儿的成绩却不少了，最成片段的是《荡寇志》和《西游记》的绣像，都有一大本。后来，因为要钱用，卖给一个有钱的同窗了。

——选自《从百草园到三味书屋》

当然，听故事，读小说，是鲁迅童年阅读地图中不可或缺的。鲁迅另一项爱好就是，极爱看带有插图的书，喜欢用薄而透亮的"荆川纸"覆在画面上，一笔一笔细细地影摹，且"都有一大本，因为要钱用，卖给一个有钱的同窗了"。可见，鲁迅的爱好，已经能为他"创收"了，不过这也是万般无奈之举。

沿着问题出发，在阅读中探究、发现，学生不仅读懂了鲁迅童年时心心念念的最爱，还领悟到这些爱好为鲁迅的文学和美术素养，打下了扎实的基础，童年的爱好关联着未来的成就。这种以问题驱动的刨根问底式的阅读探究，充满乐趣——阅读的乐趣，探究的乐趣，发现的乐趣，分享的乐趣。

（三）乌篷船上，描摹鲁迅故乡的风情

绍兴，鲁迅的故乡，是闻名遐迩的江南水乡，素有"东方威尼斯"的美誉，令人神往。走进鲁迅的文字，驭一叶乌篷船，漫游河道，欣赏两岸美景，品读鲁迅对故乡的那份情。

1. 在字里行间，游鲁迅故乡

赏山阴美景，品水乡美食，观会稽风俗，读绍兴故事。如果阅读是一趟旅行，那么赏美景、品美食、观风俗、读故事一定是旅行的主要元素，这一切，在鲁迅的作品中都有。

我仿佛记得曾经坐小船经过山阴道，两岸边的乌桕，新禾，野花，鸡，狗，丛树和枯树，茅屋，塔，伽蓝，农夫和村妇，村女，晒着的衣裳，和尚，蓑笠，天，云，竹，……都倒影在澄碧的小河中，随着每一打桨，各个夹带了闪烁的日光，并水里的萍藻游鱼，一同荡漾。

——选自《好的故事》

透过鲁迅精美的文字，水乡两岸的美景扑面而来，应接不暇，倒映在水中，在河面上摇曳。一个梦幻水乡便萦绕在读者脑海中，令人神往。

鲁迅在《朝花夕拾》中的小引中谈道："我有一时，曾经屡次忆起儿时在故乡所吃的蔬果：菱角、罗汉豆、茭白、香瓜。凡这些，都是极其鲜美可口的；都曾是使我思乡的蛊惑。后来，我在久别之后尝到了，也不过如此；唯独在记忆上，还有旧来的意味存留。"

可见，唇齿留香的美食，与心头思乡之情有着割不断的情缘。鲁迅作品中的美食，也是多种多样的。《风波》里，"女人端出乌黑的蒸干菜和松花黄的米饭，热蓬蓬冒烟"。《社戏》中，"我有些疲倦了，托桂生买豆浆去"。还有那正旺相的罗汉豆，不到半天便可以钓到一大碗的"钓虾"，咸亨酒店里"孔乙己"的茴香豆以及醇香的绍兴黄酒。一个色香味俱佳的美食天地就在读者，也是游客眼前，令人垂涎。

不必说欢乐的百草园，神秘的三味书屋；不必说水乡夏夜，摇着芭蕉扇，在大树下乘凉；也不必说海边沙地，那一望无际碧绿的西瓜地。单是乘一叶小船，荡漾于澄澈的河道，听桨声悠悠，看小桥流水，故乡社戏，迎神赛会……这一切，便是阅读鲁迅的作品带来的美好。在这样的阅读中，学生是读者，阅读的是文字，通过文字了解风俗，品读故事；学生也是游客，畅游山水，品味美食，体验风情。

2. 借绘画习作，描故乡风情

在阅读中，鲁迅故乡的美景、风俗、故事渐渐在学生头脑中越来越清晰了，这些画面是夜游水乡看社戏，是在百草园里觅童趣，是在三味书屋忆往事。教师引导学生画出来，写下来，在创作中再经历一次鲁迅故乡游，学生笔下生辉，或唯美，或趣味盎然的文字、图画跃然纸上，让阅读和写作进行深度的融合（图1-2-1）。

图1-2-1　学生绘画作品展示

学生的文字，有描摹美景的：

那是一个月色朦胧的夜晚，我们荡一叶乌篷小舟，漫游在水平如镜的河面，穿梭于纵横交错的水道。两岸的乌桕，新禾，野花，还有那错落有致的黛瓦白墙的小屋，倒映在澄碧的小河中，显得静谧幽深。

水村的夏夜，宁静中透出些许热闹。河岸两旁的大树下，乘凉的人们聚在一起，有的谈闲天，有的说故事，孩子们唱歌、猜谜。陶老头子独自坐着，嘴巴念念有词，很惹游人注目。

——杨飞扬

有讲述独特的游览经历的：

船夫卖力地摇着橹，船飞一般向前驶去。前方河道变得开阔起来，灯火如昼，恍如进入另一个世界。船夫告诉我们，前方就是赵庄，看社戏的地方。船驶过了一丛松柏林，划进了汊港，赵庄便真在眼前了。

——王奕隆

还有的描写看社戏体验的：

借着月色，我朦朦胧胧地看见前面隐隐约约有灯火闪烁，等小船飘近了一点，哦！这里不就是鲁迅童年时来看社戏的赵庄吗？夜色下的赵庄灯火通明，好不热闹。突然，我听到了一阵锣鼓声，一群人围在一个舞台边。我们也划过去。只见舞台上一个人背上插着四面旗帜，身穿一身黑衣，在台上翻筋斗，他每翻一次，台下的人就喝彩一次，上面写着：铁头老生连翻筋斗。这当然是社戏中最好看的了。

——陈政翯

梦里水乡

鲁迅的故乡，一个温暖的水乡绍兴。

水村夏夜，月光如水，水波渺渺，星光点点。垂柳随晚风拂过水面，漾漾微波荡开去，生怕惊扰了这一场清梦。乘上乌篷船便向赵庄前进了。两旁是弥漫着豆麦的田野，远处飘着袅袅炊烟，许是哪家在做饭吧，月色逐渐朦胧，赵庄也便近了。

戏台在灯火中，缥缈的像一座仙山楼阁。戏台热闹极了，一身华丽行头的花旦，咿咿呀呀地唱。台下呢？有的嗑瓜子闲聊，有的两眼紧盯戏台，仿佛生怕错过什么；也有小孩子吵着要买豆浆，可家长硬是不肯。

夜深了，台前仍是热闹。一阵风吹来，夹杂着潮湿的水汽，豆麦的清香，糖葫芦的甜味。这是人间烟火的气息。

夜深了，我们便离开了。离开时的景色与来时大不同，穿过一片柏树林，一轮明月悬于夜空，洒满月色的银光，给柏树林添了几分神秘的色彩，几声悠扬的笛声传来，划破了夜空的宁静。

绍兴水乡，温婉而悠扬。烟雨乌篷，梦江南。

——冯子瑜

鲁迅，用他手中的笔，编织着浓郁的故乡情结，有滋有味，有声有色，有情有义，读来令人回味无穷。在阅读中，与鲁迅结缘，与绍兴水乡结缘，学生用图画，用文字记录下这份情缘，换个角度理解鲁迅对故乡的思念与依恋。

（四）水乡鲁镇，叩问家乡人的命运

一方水土，养一方人。鲁迅不仅深深眷恋那一方水土，那些曾经朝夕相处的家乡人，更是鲁迅一辈子的牵挂……

1. 一世情，两代缘

读《少年闰土》，闰土的见多识广、机灵勇敢给学生留下深刻印象（图

1-2-2）；迅哥儿与闰土短暂的相处，二人结下弥足珍贵的情谊，让人温暖；一对伙伴在分别时脸上挂满的泪痕，更是打动人心。然而，二十年后，曾经亲密无间的伙伴见面，闰土居然称迅哥儿为"老爷"。童年时那个阳光少年，竟然变成一个木偶人。"我们之间已经隔了一层可悲的厚障壁了。"鲁迅的伤感可想而知。透过这鲜明而深刻的对比，学生的感触颇深。感慨鲁迅与闰土的命运为何有如此大的差别。多数同学认为，造成差别的原因是读书改变命运，有的同学还深受教育地说："我们应该好好学习，将来找到好工作，不给自己成为'木偶人'的机会。"也有的同学认为，鲁迅能雇得起用人，家境殷实，出生富裕。闰土贫苦的原因在小说中有交代：多子、饥荒、苛税、兵、匪、官、绅，苦得他像一个木偶人了。读到这里，学生不无遗憾地写道："多好一个人，不是被岁月，不是被学历，而是被黑暗的社会欺压。"

图1-2-2 学生眼中的闰土

闰土，真有其人吗？《故乡》中闰土的原型叫章运水。这个普通问题，不适合做驱动性问题。但是，如果将这个问题稍作转化，就会变成一个探究性的问题。生活中的"闰土"——章运水，鲁迅与闰土，"故乡"一别，后来呢？还有交往吗？后来与鲁迅还有交往吗？这样一问，这个问题就会变成一个值得深究的驱动性问题。

同学们钩沉历史记忆，探寻鲁迅后代与章运水后人的"交往史"，在阅读分享会上做汇报，体现了同学们良好的阅读探究精神。

中华人民共和国成立后，章运水的孙子章贵，因为爷爷（闰土）与鲁迅的关系，得到了去鲁迅纪念馆工作的机会。章贵努力学习，从一个农民、文盲成长为研究鲁迅的专家，还被任命为鲁迅纪念馆的副馆长。鲁迅的儿子周海婴与闰土的孙子章贵成为好朋友，一如当年的章运水和鲁迅。

童年的友情，一世的情缘，小民的命运，因《故乡》作品，在国运兴盛的折射下，因缘际会，跌宕起伏，令人唏嘘。是的，学生思考到哪里，阅读探究就要延伸到哪里。

2. 可笑乎，可悲乎

初读孔乙己和阿Q，学生对这两个人物很感兴趣，感觉他们很好笑。读者也觉得好笑，小说中来自"旁人"的笑声随处可见，如"只有孔乙己到店，才可以笑几声""孔乙己一到店，所有喝酒的人便都看着他笑""孔乙己是这样的使人快活""谁知道阿Q采用怒目主义之后，未庄的闲人们便愈喜欢玩笑他""（阿Q被带走，要杀头的）阿Q于是再看那些喝彩的人们"。

学生在品读中发现，孔乙己和阿Q总是受到旁人的嘲笑和欺负。"旁人"的笑声过后，没有一个人伸出援手，学生从笑声背后体会到的是"旁人"冷漠的心。学生还读懂了鲁迅对人物的同情与哀其不幸的愤懑。学生对人物的理解，从浅层认知，走入人物内心，他们的理解有了深度。

唐弢在《母子之间》中回忆："《呐喊》出版后，老太太（鲁迅母亲）一口气读完，摇着头表示：'唔啥好看，这种事情在乡下多得很！'"这样的人，这样的事，在乡下多得很。他们是孔乙己们，是阿Q们，是闰土们，是祥林嫂们。当这些人物群像出现在读者面前，学生很快找到了他们的共同之处：愚昧落后、麻木不仁、受尽欺辱、贫苦潦倒、生活在社会的最底层。他们在乡下多得很，在城市也多得很，是当时社会中的大多数。透过他们，学生逐渐看到当时国民的精神面貌。鲁迅说："唯有民魂是值得宝贵的，唯有他发扬起来，中国才有真进步。"在这些人身上，我们看不到民魂的影子。鲁迅用自己的如椽大笔，写下当时"大多数"人的际遇，文笔中有同情关爱，有呼唤觉醒，有愤懑呐喊……

当然，鲁迅不仅仅只是动笔写作，还有行动，如周晔在《我的伯父鲁迅先生》中详叙：他们把那个拉车的扶上车子，一个蹲着，一个半跪着，爸爸拿镊子夹出碎玻璃片，伯父拿硼酸水给他洗干净。他们又给他敷上药，扎好绷带。

阅读巴金《永远不能忘记的事情》，万国殡仪馆内，"关于那个老人的最后的事情"看见了来来往往吊唁的人物群像，感受到人们发自内心的悲戚……

读到这里，学生发出这样的感慨：越是伟大的灵魂，越把贫苦大众装在心里。是的，就是这样，我们阅读鲁迅笔下的人物，从最初感觉到有趣、好笑，随着阅读探究展开，逐渐走入深邃的境界。

在问题的驱动下，在探究中阅读，在阅读中探究，从童年、家乡、人物，三个维度走近鲁迅的世界，发现了一个广阔的天地，结识了一个有趣而又伟大的灵魂。

这个鲁迅，也在悄然改变着学生，有的学生动情地写道："到现在，每当我仰望夜空的时候，我还能想起你。"

案例二：落花随春去，余香伴夏来①
——"致敬袁隆平爷爷"项目式学习总结

袁隆平爷爷说："人就像一粒种子，要做一粒好的种子，身体、精神、情感都要健康，种子健康了，我们每个人的事业才能根深叶茂，枝粗果硕。"

我们在学生的心中播下提问、探究的种子，播下健康的好种子。落花随春去，余香伴夏来。

2021年5月22日13时，春末夏初的季节里，中国杂交水稻之父——袁隆平，永远地离开了我们。5月24日是袁隆平爷爷的遗体告别仪式，社会各界人士一早就前往吊唁，湖南人民自发站在街头送别，当天湖南下着淅淅沥沥的小雨，但群众并不在意，他们眼眶含泪，饱含着对袁老的不舍。联合国发文悼念："袁隆平院士为推进粮食安全、消除贫困、造福民生做出了杰出贡献！国士无双，一路走好。"

袁隆平爷爷为什么会得到这么多人的敬仰，乃至联合国都给予崇高的敬意，他是一个怎样的人？学生脑海中涌现出一连串的问题。源于这样的驱动

---

① 本章节由东莞外国语学校小学部王成莲、蔡文敏、危菲菲老师撰写，2021年8月以《用课程致敬袁隆平》为题发表于《当代教育家》。

问题，我们开启了"致敬袁隆平爷爷"主题项目学习。

（一）从儿童提出的问题出发

关于袁隆平爷爷，学生提出了最想研究的问题：

"袁隆平爷爷的家庭是怎样的？"

"袁隆平爷爷在哪里读书？"

"袁隆平爷爷为什么要研究杂交水稻？"

"袁隆平爷爷那么喜欢拉小提琴，他为什么不当小提琴家？"

"袁隆平爷爷遇到困难时，有没有退缩过？"

……

这些三年级小学生提出的问题，在成人看来，也许不是"学术研究性问题"，但这是学生自己提出来的，是他们最想研究的，最真实的问题。学生们带着问题，开始阅读《袁隆平传记》，查阅资料，请教他人……俨然一位位"研究学者"。他们研究了袁隆平爷爷名字的由来，他的家谱，求学经历，个人爱好，为什么要研究杂交水稻，研究杂交水稻的历程，袁隆平爷爷在世界各国指导杂交水稻技术的行踪路线等问题。为此，学生们自己做了学习单，梳理了研究问题。从学生们的各种研究单中，从学生的汇报、交流中，我们看到了他们特有的儿童视角。

晓晴同学了解到袁隆平爷爷研究杂交水稻是缘于小时候听妈妈讲神农氏的故事，还有小学一年级时，老师带同学们一起去参观园艺场，袁隆平爷爷当时感觉景色很美，立志长大要学农。晓晴同学兴奋地向大家分享说："袁爷爷的妈妈和小学老师对他从小立志学农有很大的影响。"

良成同学像发现新大陆似的，与同学分享说："我阅读总结出了袁隆平爷爷的爱好，他喜欢游泳和拉小提琴，有一次他逃课，带着弟弟去游泳，被他爸爸狠狠地打了一顿。长大后的他差一点进入国家游泳队，还差一点成为飞行员。"

允楠同学整理出袁隆平爷爷研究杂交水稻的历程，他从1961年发现一株特别饱满的稻子，到1979年研究杂交水稻成功，然后到多个国家讲学、做指导。允楠同学根据研究，总结道："隆平爷爷坚持不懈，克服重重困难，才研究成功。所以想要收获，必须付出。"

当同学们把自己的研究成果与大家分享时，都兴奋不已，为对袁隆平爷爷有了解而兴奋，为自己的研究成果而开心。他们了解到：原来，袁隆平爷爷小时候和自己一样，也有淘气的童年，也有读书求学的时光；和自己的爷爷奶奶一样，也是那么慈祥善良，和蔼可亲；不一样的是袁隆平爷爷研究杂交水稻付出了那么多的艰辛，袁隆平爷爷的杂交水稻有那么大的影响力。他们对袁隆平爷爷不再感觉陌生，对袁隆平爷爷的敬佩之情是发自内心的，为此，他们把自己眼中的袁隆平爷爷绘制成一幅幅文字的图说（图1-2-3）。

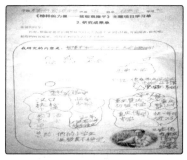

袁隆平爷爷的求学经历

袁隆平爷爷为什么要研究杂交水稻

袁隆平爷爷研究杂交水稻的历程

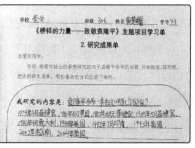

袁隆平爷爷世界杂交水稻技术指导行踪路线

袁隆平爷爷小时候的"大事记"

袁隆平爷爷的家谱

图1-2-3　学生眼中的袁隆平爷爷

（二）向研究深处漫溯

在经历了班级内的交流、汇报后，我们鼓励学生组成小组，分工合作完成研究报告，整个年级将在学术报告厅进行研究成果汇报。小组合作中，学生们的研究更加丰实，向研究深处漫溯。

楚馨同学阅读了好几遍《袁隆平传记》，终于厘清了袁隆平爷爷的杂交水稻对世界各国进行技术指导的行踪路线。她把袁隆平爷爷推广杂交水稻去过的国家，在世界地图上标注出来，制作成了PPT课件，在世界地图上一边显示时间，一边显示袁隆平爷爷推广杂交水稻去过的国家，所到之处都插上中国国旗。她向全体同学汇报说："1979年4月，袁隆平爷爷到菲律宾推广杂交水稻，1980年5月到美国，1982年秋天再次到菲律宾，1985年5月又一次到菲律宾，1986年4月到意大利，1988年到英国，1992年7月到印度，1993年到美国，2002年前往越南，2004年再次去美国……"当同学们看到世界地图上布满了中国国旗时，情不自禁地响起热烈的掌声，这掌声是对楚馨同学精彩发言的赞许，更是对袁隆平爷爷的崇敬之情和身为中华儿女的自豪之情。楚馨同学动情地对同学们说："截至2012年，全国的杂交水稻增产20多亿公斤，袁隆平团队还为近80多个发展中国家培训了14000多名杂交水稻的技术人才。在国外，有40多个国家和地区实现了杂交水稻的大面积种植，每年种植面积达到了700万公顷。袁隆平不仅让中国人的饭碗牢牢掌握在了自己手中，还把杂交水稻推广到更多的国家，让无数不同肤色、不同语言的世界人民吃饱饭，远离饥饿，他是当之无愧的'世界杂交水稻之父'。"

有学生提到这本《袁隆平传记》写于2012年，时间过去了许久，在这期间还发生了很多值得记录的事情，同学们分组合作续写这本书，于是就出现了第七章内容，具体如下。

1. 珍惜粮食

2013年，袁隆平爷爷表示，谁知盘中餐，粒粒皆辛苦，并建议政府要出台法律法规，把浪费粮食当作一种可耻行为，用权威的文字规范大众的行为。袁隆平爷爷告诫我们丰收不是浪费的理由。

2. 消除顾虑

2014年11月，袁隆平爷爷针对人们对转基因的利害舆论，提出分子育种的转基因技术是解决粮食增产、保证粮食安全的科学措施，搞转基因是经过了严格的科学试验和把关的。袁隆平爷爷的言论大大地消除了人们的顾虑。

3. 拓荒计划

2018年，袁隆平爷爷推出"中华拓荒人计划"，要在寸草不生的盐碱地上，推广种植海水稻，并发出"多养活一亿人"的豪言壮语，而最新实验成果显示，这个计划能多养活的人口远远超过了一亿，几乎达到了两亿。袁隆平爷爷说到做到了！

4. 大国精神

2019年9月，袁隆平爷爷希望杂交水稻走出国门，为全世界解决粮食短缺问题。所谓"科学无国界"，袁爷爷的这种大国精神深深地鼓舞了我们。

5. 亲和幽默

其实生活中的袁隆平爷爷是个特别亲和幽默的老人，2020年9月7日，也就是袁隆平爷爷90岁生日时，袁隆平爷爷将第一口蛋糕给了夫人邓则奶奶吃，曾戏称自己是90后，因为已经90多岁了。

6. 沉痛悼念

2021年5月24日，敬爱的袁隆平爷爷永远地离开了我们，享年91岁，遗体告别仪式在长沙明阳山殡仪馆举行，大批市民自发前来悼念袁隆平爷爷，有人手捧菊花，有人手捧稻穗，有人带着袁隆平爷爷最爱吃的豌豆。而就在袁隆平爷爷去世的前两个月，他还在海南基地工作，他说要在自己百岁前完成粮食每公顷产量20吨的目标，而这一次，他"食言"了。同学们，作为新时代的继承人，我们有责任有义务沿着袁隆平爷爷的足迹，继续实现袁隆平爷爷的"富饶禾下梦，稻香满春秋"的梦，做梦的传承人。

学生们选取了他们认为袁隆平爷爷做的最重要的事情，进行续写，有记录袁隆平爷爷的伟大梦想，还有袁隆平爷爷的亲和幽默，这是从学生们的视角所表达的真实内容。这些内容，充满着对袁隆平爷爷的崇敬之情，更表达了要传承袁隆平爷爷的"富饶禾下梦，稻香满春秋"的强烈愿望，愿这一粒种子深深地种在学生们心中！我们有理由相信，当一个个"袁隆平"脱颖而出，中国乃至世界的农业，一定会"稻香满春秋"。为此，我们还举办了学生续写第七章的展示活动（图1-2-4）。

图1-2-4　学生们续写第七章展示

　　在研究过程中，学生们对杂交水稻的原理不理解，对其专业术语不明白，我们特意邀请教高中生物的罗彩珍老师为同学们解答疑惑（图1-2-5），同学们在现场向罗彩珍老师提问、请教。罗彩珍老师形象地讲述了稻花村的故事，她把花的子房比作妈妈，花粉比作爸爸，果实比作孩子，稻花村有三个种族，分别是白色系、棕色系和黑色系，它们都是本色系育种。罗彩珍老师生动形象地讲解杂交水稻培育的原理，学生们听得津津有味，并且对杂交水稻原理有了初步的理解，对袁隆平爷爷更加敬佩。

图1-2-5　罗彩珍老师讲解杂交水稻原理

　　有学生还立志：将来也要学生物，研究杂交水稻。在研究向深处漫溯的路上，谁能说这样梦想的种子不会发芽呢？

　　我们还有幸采访了和袁隆平爷爷是老乡的高中历史老师魏德才主任，魏德才老师录制了音频，给同学们讲述家乡人眼里的平易近人的袁隆平爷爷，讲述袁隆平爷爷把他的奖金用于建设学校、图书馆（图1-2-6）。同学们深刻地体会到那颗伟大心灵背后的博爱、平实和谦卑。

图1-2-6　魏德才老师讲述袁隆平

（三）实际行动述真情

　　袁隆平爷爷是一个怎样的人？我们从他身上汲取了哪些力量？我们该如何向袁隆平爷爷致敬？研究进行到这里时，学生心中有了很多感悟，在黑板上，在书本上，在给袁隆平爷爷的书信中，写下对袁隆平爷爷的崇高敬意，写下对超越杂交水稻和对生命的理解（图1-2-7和图1-2-8）。

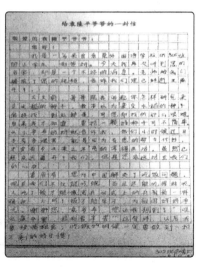

图1-2-7　写给袁隆平爷爷的信

 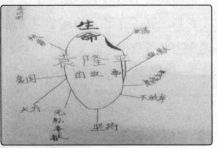

图1-2-8　写在黑板上、书本上的体会

"我要像袁隆平爷爷一样刻苦学习。"

"我也要不怕困难、坚持不懈。"

"袁隆平爷爷能得到这么多人的敬仰，是因为他克服了那么多的困难，才研究出杂交水稻，让我们不再饿肚子，并且还指导世界其他很多国家种植杂交水稻，做出了非常伟大的贡献。"

"杂交水稻的推广解决了世界人民的温饱问题，拯救了一个又一个生命。袁隆平爷爷研究杂交水稻那么辛苦，我们能做的就是珍惜一粥一饭。"学生们此时说的话是发自内心的，当天中午吃饭时，便有了"全体光盘"的场景（图1-2-9）。

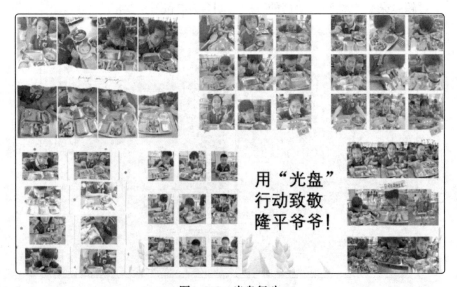

图1-2-9　光盘行动

这一次的项目学习，我们从袁隆平院士逝世，得到国内外、社会各界悼念，生发出驱动问题：袁隆平爷爷为什么得到这么多人的敬仰，他是一个怎样的人？引导学生提出关于袁隆平爷爷自己最想研究的一两个问题，学生们带着问题，开始阅读、访问、交流、分享，合作完成研究报告，他们对袁隆平爷爷的了解越来越丰富、深刻，对袁隆平爷爷的敬佩之情油然而生，并付诸行动。

小馨同学在全年级分享了自己的研究报告之后，说："这种特殊的学习方式，让我真正感受到了什么是边读边思。孔子说'学而不思则罔，思而不学则殆'。因为我们提出的问题，不是简单的一眼就可以写出答案的问题，它常常引发我进行深深的思考，有些问题要前后联系，有些还要上网查找资料，才能得到比较清晰的认识。这样的学习可以提高我们的思考能力，既可以让我们把书'越读越厚'，同时也让我们把书'越读越薄'。我也要像袁隆平爷爷说的那样，做一粒好种子，在祖国妈妈的怀里生根、发芽，茁壮成长。"

我们相信，这样的课程，会在学生心中播下提问、探究的种子，播下健康的好种子。落花随春去，余香伴夏来。

第三节 整本书阅读教学策略研究

叶圣陶曾说："试问，要养成读书的习惯，不教他们读整本的书，那习惯怎么养得成？"[①]整本书阅读，对于培养良好的阅读习惯，意义深远。整本书阅读不是简单做"加法"，要减少机械阅读、机械做题训练等，要增加阅读引导，引导学生有目的、有计划、有方法、有体悟地阅读；要"抓大放小"，不能只盯着一词一句的对错，而是更多地关注整体。整本书的核心功能在于培养良好的阅读兴趣与习惯。以下是我们进行整本书阅读教学的实践与思考。

案例一：低年级整本书阅读教学策略初探[②]

整本书阅读对于学生有着重要的意义，能很好地提升学生的语文核心素养。根据《义务教育语文课程标准（2011年版）》中对阅读的"具体建议"中提出的要求，统编教材每一次都安排了"快乐读书吧"部分，其目的就在于培养学生阅读的兴趣和能力，尤其是阅读整本书的兴趣和能力。那在低年段如何进行整本书阅读教学？我们应该选择哪些读本？如何设定教学目标？运用哪些适合低年段学生心理特点的教学方法进行阅读？下面，我仅结合本学年在二年级开展的"整本书阅读"进行总结。

（一）整本书阅读书目选择

吴忠豪教授在《小学语文教学内容指要》中指出：教师进行课外阅读

[①] 叶圣陶.叶圣陶语文教育论集［M］.北京：教育科学出版社，1980.

[②] 本案例由东莞外国语学校小学部何沛贤老师撰写。

指导时，激发学生课外阅读的兴趣是语文老师的重要工作任务。因此，教师在择书时应从内容意识与兴趣意识出发，这样才能选到学生乐读、爱读的书目，从而开展有效的整本书阅读。[①]

1. 选择童话色彩浓厚的桥梁书

低年级学生识字量不多，他们正处于从绘本阅读到桥梁书阅读的过渡阶段，一开始接触大篇幅的文字会让他们产生畏难情绪，很容易出现对阅读的抵触心理。图文结合的书更容易把学生带入故事情节中，消除学生的抵触心理。因此一开始，我选择了童话故事《女巫温妮》系列和《神奇校车》系列。《女巫温妮》中主人公女巫温妮那趣味横生的魔法使学生产生无限的遐想，精美的图画和精彩的故事引人入胜。而《神奇校车》则在弗瑞丝老师的带领下，坐上黄色校车，和书中的孩子们去浩瀚的宇宙、神秘的大海、丰富多彩的微生物世界进行科学探险……故事情节引人入胜堪比科幻小说，对话诙谐而又机智俏皮，知识像景点一般散落各处，对学生来说，有无穷的吸引力。当学生们拿到这些书时，他们会发现书中的故事情节和书中的图画环环相扣，不知不觉中他们就喜欢上了看书，并喜欢自己去探索书中的秘密。像这样能激发学生想象的书本，学生们一本接着一本看，爱不释手。

2. 选择贴近学生生活的书

童话人物有血有肉，有性格，让学生有亲近感，就好像是他们自己或是身边真实存在的人一样。因此，在下学期，我选择了和学生生活中有很多相似之处的主人公，在引导阅读时唤醒学生已有的童话阅读经验，学生就会自觉进入故事情境中，与童话人物同呼吸、共命运，如《兰心的秘密》中兰心和学生有很多共同点，如兰心的父母总唠叨她，要求她做很多事情等，叛逆的兰心在仙女的帮助下，如愿以偿地将她的父母变成了小矮人，可是父母变得太小了，当兰心弄破手指、遇到困难时，没有人再呵护她。当她变小的父母差点被猫当作老鼠吃掉时，兰心终于感到了恐惧和孤独，最终兰心恳求仙女把自己的父母变回原样，而代价就是永远听父母的话。兰心的经历让学

---

① 摘引自《小学语文教学内容指要》。

生更加了解父母的苦心，对父母的爱有了更深层次的体会和理解。《香草女巫》中香草也是一名小学生，在学校受到来自严厉老师的教导和同学的不友善对待，最后开始改变，让自己变得更好。除这两本书外，还有《兔子坡》《真正的贼》、彩乌鸦系列丛书和罗尔德·达尔系列丛书等。

（二）整本书阅读目标的设定

根据新课程标准的要求，整本书阅读应该致力于培养学生的语文核心素养，让学生具有广阔的视野，养成良好的阅读习惯，掌握合理的阅读策略。在确立目标时，教师要对文本进行深入解读，挖掘文本中有价值的教学点。

我认为整本书的阅读教学中要培养学生语言文字的运用能力，我在确定目标时连接了统编教材的语文要素，并进行了选择。在选择训练目标时不要贪多，每一本书训练一两个点（表1-3-1）。

表1-3-1　整本书阅读的教学要点

二年级的语文要素	整本书阅读链接
借助提示语、图片复述故事	结合《女巫温妮》系列丛书，通过借助插图拓展情节，大胆想象，大方讲述 结合《兔子坡》，借助插图讲述故事情节
根据课文内容谈谈简单的看法	结合《兰心的秘密》中兰心对父母施展的魔法，让学生谈感受、看法
找出书中能佐证观点的段落、语句	结合《香草女巫》《了不起的狐狸爸爸》，让学生谈谈对书中人物的看法，并找出能佐证的段落
根据内容进行简单猜想	结合《真正的贼》，让学生进行猜想，谁最有可能是真正的贼

阅读，是让人更明智、更明理的最直接式。我认为整本书阅读要培养学生初步的审美能力，能对书中的人物表达自己的看法，对人性的真善美有初步感悟，树立正确的人生观、价值观。在每节阅读课结束时，学生们都能发表自己独到的看法，也颇让人惊喜。

（三）阅读过程中指导策略

低年级学生识字尚少，做事情缺少持续性。在整本书阅读指导中教师要给学生提供思考、发现和探索的时间。教师多为学生提供"脚手架"，让他们"跳一跳"就能体会到阅读的快感和喜悦。在教学过程中，我尝试用以下一些教学策略。

1. 善用插图

插图是学生理解信息、统整信息的重要抓手，也可以帮助学生较好地复述故事。在《兔子坡》《香草女巫》的教学中，我让学生结合关键情节，抓住文字信息和图画细节，进行图文关联，对故事的内容进行回忆与复述。具体分为以下几步：首先借助插图，小组接力，试着将故事讲完整；其次借助插图，图文对应，加入想象，将故事讲生动；最后借助插图，将故事讲丰富。插图为学生提供了"脚手架"，每次使用后教师都提出进阶的要求和任务，引导学生进行深入学习。

2. 设计学习单

（1）根据每本书的内容不同，设计学习单。在有些书本中，有很多人物，而这些人物的性格又各有特点，我们就可以设计书中人物的比较图，通过直观的表格比较不同人物的异同，使学生一目了然，加深了他们对人物的认识。以下是《了不起的狐狸爸爸》《查理和巧克力工厂》中关于人物的对比学习单（表1-3-2和表1-3-3）。

表1-3-2 《了不起的狐狸爸爸》学习单（一）

一、阅读第一章，比较三个农场主的异同，填在下面表格中。					
人物	身份	外形	食物	性情	相同点
博吉斯					
比恩					
邦斯					

续 表

二、依据表格，自编儿歌。

例子： 自编儿歌：

比恩、邦斯、博吉斯，

一瘦一矮一胖子。 _____

三个坏蛋真是坏， _____

模样虽然不一样， _____

没有一个不贪财。 _____

表1-3-3 《查理和巧克力工厂》学习单（一）

金奖券获得者	获得者的喜好或特点	如何取得金奖券	你对获得者的评价
奥古斯塔斯·格鲁普			
维鲁卡·索尔特			
维奥莉特·博雷加德			
迈克·蒂维			

（2）根据文本内容设计学习单，加深学生对情节的理解。例如，在《了不起的狐狸爸爸》中，狐狸爸爸和三个农场主之间的较量；在《查理和巧克力工厂》中四个没礼貌的孩子在工厂分别遇到的怪事，这些情节非常引人入胜，让人过目不忘，我们就可以抓住这些有趣的情节设计有趣的学习单（图1-3-1和图1-3-2）。

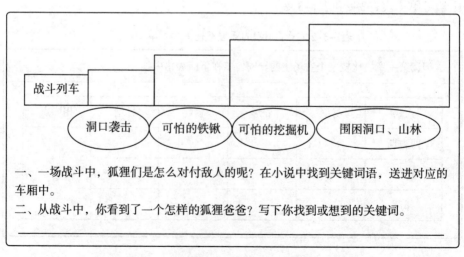

战斗列车

洞口袭击　可怕的铁锹　可怕的挖掘机　围困洞口、山林

一、一场战斗中，狐狸们是怎么对付敌人的呢？在小说中找到关键词语，送进对应的车厢中。

二、从战斗中，你看到了一个怎样的狐狸爸爸？写下你找到或想到的关键词。

图1-3-1 《了不起的狐狸爸爸》学习单（二）

一、在巧克力工厂里，孩子们有哪些奇遇？

乘船顺流而下来到发明室，奥古斯塔斯·格鲁普因为_____，结果_____。

沿着走廊走来到了（　　　　），维奥莉特·博雷加德因为_____，变成_____，结果_____。

乘着电梯来到（　　　　），维鲁卡·索尔特因为_____，结果_____。

乘着电梯又来到（　　　　），迈克·蒂维因为_____，结果_____。

图1-3-2　《查理和巧克力工厂》学习单（二）

（3）阅读完一本书后，每个学生都可能对书中的主角有不同的感受或者看法。这时，我们就可以设计刻画人物形象的思维导图，学生可以把自己想到的关于形容主角的关键词写下来，用以概括主角的形象特点。此时，角色在学生的心中不是单一的，而是较为全面的。同时，也锻炼了学生的概括和提取信息的能力。相信长此以往，学生的深度阅读能力一定会有所提高（图1-3-3和图1-3-4）。

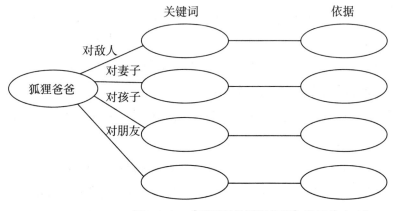

图1-3-3　《了不起的狐狸爸爸》学习单（三）

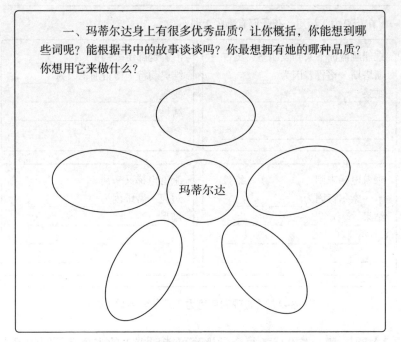

一、玛蒂尔达身上有很多优秀品质？让你概括，你能想到哪些词呢？能根据书中的故事谈谈吗？你最想拥有她的哪种品质？你想用它来做什么？

玛蒂尔达

图1-3-4　《查理和巧克力工厂》学习单（三）

3. 话题讨论

只要选择好话题，让学生合作学习、交流讨论，才能达到学生之间、师生之间以及师生与文本之间立体对话的目的，让学生深入阅读。比如阅读《真正的贼》这本书时，可以设置"到底谁是真正的贼"这一话题，让学生讨论和找出依据。整个过程就像柯南探案一样充满神秘色彩，学生也兴致盎然。再如《兰心的秘密》一书中，我抛出"你认为什么是父母对自己真正的爱"这一话题，从兰心一开始对父母的教育、唠叨很不满，到最后失去父母的爱后悔恨不已，最终决定用自己永远听话的条件把父母换回来。

4. 结合影视作品让学生通过多种路径走进作品

罗尔德·达尔的作品以其构思奇特、丰富想象力、引人入胜的故事情节，富于夸张、荒诞的叙事形式和机智幽默的笔触而著名，他的作品以及其笔下的人物已成为许多电影、电视连续剧、音乐和诗歌的创作源泉。在罗尔德·达尔的系列作品教学中，教师要引导学生从文本出发，打破不同的艺术形式边界，参与到文本、电影所创设的想象场景中，走向更丰富、更广阔的阅读。这样，就可以加深学生对原著的理解，为学生提供走进整体阅读的多种路径。多种路径也有助于学生从完整的、不同的视角进行深度阅读，体现了完整育人的观念。

总之，整本书阅读教学之路任重道远。希望在未来的道路上，能借鉴国内外的有效经验，探索出适合实际的、有效的整本书阅读教学方法，让学生获得语文核心素养的提高。

案例二："蹦蹦跳跳"读书法
——《无字图书馆》整本书阅读方法指导的教学案例①

（一）案例背景

班级漂流书，每隔三周轮换一次，结果有近三成的学生不能按时完成整本书阅读的作务。经调查，读得慢是主因。不少学生是一字一词地读，半小时读不完十页书。这就有一个问题：如何指导学生，学会快速浏览，提高阅读速度。

（二）案例分析

《义务教育语文课程标准（2011年版）》指出：要引导学生学习浏览等阅读方法。理想的阅读效率，应该是用较少的时间，获取文本主要内容和重要信息。因此，阅读速度就成为衡量阅读能力的一项重要指标。事实上，我在调查学生阅读速度时发现：班级学生阅读速度差异很大。一本300页左右的书，阅读能力强、阅读速度快的学生，3小时就能读完，这样的学生占比为10%左右。速度慢的学生，需要10小时才能读完，这样的学生占比为19%左右。有趣的是，调查发现，几乎所有学生都认为一本书都应该从头至尾读完了，才算读完书。快速了解主要内容，有选择地阅读，有选择地获取书中的信息，这样的阅读能力，在当今时代，具有很实用的价值。下面以《无字图书馆》整本书阅读导读为例，浅谈如何提高阅读速度。

（三）案例过程

1. 巧用名称吊胃口

《无字图书馆》这本书漂流到我们班时，在上导读课前，我想在阅读方法

---

① 本案例为东莞外国语学校王成莲老师撰写。

上给予学生一些指导。而快速了解一本书的主要内容，应该是学生拿到一本书后最想知道的。可是如果直接告诉学生我们来学习快速了解书的主要内容的方法，这对于三四年级的小学生必然没有什么吸引力，甚至会使其产生畏难情绪。我想能否深入浅出，用小学生能接受的方式来进行，于是我给这个抓住目录阅读的方法起了个名字叫"蹦蹦跳跳读书法"。

导读课上，我问同学们："平时，你们是怎么读书的？"

学生回答："当然是一句一句地读，一页一页地读啦！"

我说："没错，大多数人都是这样读书的。今天，王老师教大家一招，咱们来一个'蹦蹦跳跳'地读书。"

"啊？什么是'蹦蹦跳跳'地读书？""没听过。""好奇怪。"大家七嘴八舌地议论着。

"'蹦蹦跳跳'读书法，能让你很快地读完一本书。"说完我开始发书，"这周漂流到咱们班的图书是儿童小说，名叫《无字书图书馆》。咱们就用'蹦蹦跳跳'读书法来读书。"

"蹦蹦跳跳，哈哈，搞怪。"有的学生拿到书之后，还在座位上做出蹦跳的样子，看来学生对这个新名词很感兴趣。

2. "蹦蹦跳跳"试牛刀

我继续讲："同学们，当我们游览一处陌生景点时，通常要先找个导游图看看，按图索骥，确定游览目的地。读一本书就像是去一个地方旅游，导游图就是书的目录。'蹦蹦跳跳'读书法，首先要在书的目录上'驻足停留'片刻，花点时间读，如果你带着好奇心读目录，头脑中会冒出想急于知道答案的问题。如果是这样，我就要恭喜你，你一定是个有灵气的读者。接下来，你的读书体验会更美妙。"

接着我引导学生翻开《无字书图书馆》的目录：第一章"坠落的字母"，有七个小节。第一节是"火车站站长的惊人发现"。看到这个标题，学生肯定会问："惊人发现是什么呢？"带着疑问，让学生翻开有关页码，通过跳跃式搜索寻找，学生很快找到了答案：惊人发现就是"广场上、图书馆的大门下有一堆堆的字母"。

找到答案后，让学生再次回到书的目录。第二节是"无字书图书馆"，学生的问题可能是：这无字书图书馆是什么样子的？通过快速搜索学生找到了这些文字：无数的字母覆盖了图书馆的整个地板，堆成了小山，形成了字母海。发生这样稀奇古怪的事儿，人们怎样应对呢？于是就召开了"紧急会议"——这是第三节讲述的内容……

于是，学生在目录和好奇心的驱使下，很快地读完第一章。读完第一章，学生将问题答案进行梳理，很快明白了这一章主要写了什么。

经过这样的小试牛刀，学生的成就感油然而生。

3. 总结方法效率高

课上到此阶段，我趁热打铁，让学生总结"蹦蹦跳跳"读书法，学生说依照目录，快速找到关键词，找到相对应的页码，迅速捕捉到相关信息，把各章节的重点信息连接起来，这本书的主要内容就大致了解了。

"怎么样，大概二十分钟的时间读一本书，你们的读书效率也够高的。为你们点赞。"我向学生竖起大拇指，"同学们，这就是'蹦蹦跳跳'读书法，会迅速提高你的读书速度。天下武功，唯快不破。我们读书，需要逐字逐句地读，也需要这样'蹦蹦跳跳'地读。这样的读书方法，能让你在有限的时间内，收获得更多。同学们可以将这样的读书方法运用到对其他书的阅读中。当然你还可以在阅读中，不断总结阅读方法，提高我们的阅读能力。"

（四）案例反思

这样的阅读指导，给学生一个新的认识：阅读整本书，不仅仅是从头读到尾，还可以根据阅读需要，看目录，有选择地快速阅读，走马观花，观其大概地读。具备这样的能力，才能在浩瀚的书籍中，收获得更多。当然这样的快速阅读能力，不是一蹴而就的，需要在阅读中，反复练习，不断提高。

案例三：小学高年段语文阅读教学"时光穿越之民国"全课程的探索[①]

小学高年段语文阅读从五年级开始进入一个丰富广阔的世界，逐渐不受时间、空间的限制，学生开启了通过阅读名著名篇"游古今史""知天下

---

① 本案例由东莞外国语学校小学部章榕榕老师撰写。

事"的学习成长历程，语文教材五年级下册选入林海音的《冬阳·童年·骆驼队》、萧红的《祖父的园子》，六年级上册开设了鲁迅专题，六年级下册引入老舍的《北京的春节》、沈从文的《腊八粥》、朱自清的《匆匆》等名篇，学生开始接触民国时期的名家，教师在阅读教学过程中也开始推动学生的阅读从课内走向课外，激发学生亲近名家名篇的阅读兴趣和热情，介绍鲁迅、周作人、胡适、沈从文、老舍、朱自清等现代文学先驱，推荐《呼兰河传》《城南旧事》《朝花夕拾》等民国时期的经典著作，引领学生通过阅读直接与这些大家进行对话，但在实际的教学过程中，学生阅读这些民国时期的名篇浅尝辄止，意兴阑珊。究其原因，还是因为年代久远造成了学生与民国名家的隔阂和疏离，阅读名篇的肤浅和困难，学生对民国大家的经典著作始终难以产生阅读兴趣，这也是小学高年段语文阅读教学中面临的一个难题。

没有兴趣和思考的阅读都是无效阅读，基于小学高年段阅读教学中遇到的这个难题，我开始去思考、探索如何推动学生主动亲近民国时期名家名著，要想解决这一问题，首先需要让学生熟知民国历史，知人论世，特定的历史阶段、独特的个人遭遇才能产生独一无二的作品。恰逢此时学校引入全课程"学科融合"全新的教学模式，在"全人"理念的启发下，我尝试着手将历史融入语文学科，历史与文学其实是无法割裂的两个学科，文学是历史的生动呈现，历史又决定着文学的发展，要想引领学生真正亲近民国大家，先要带领学生重回民国时代。于是，我萌生了通过让环环相扣的书籍搭建一条穿越民国的"全课程"思路，并整合五六年级语文教材的四个爱国主题单元，设计高年段语文阅读教学"时光穿越之民国"全课程教学，用整本书的阅读带动学生对民国历史的了解，也用民国历史的了解来推动他们对整本书阅读的深入，并制定以下四个课程目标。

（1）借环环相扣的名著名篇引导学生感知民国历史的温度和鲜活。

（2）借环环相扣的名著名篇激发学生探索民国历史事件的热情。

（3）借环环相扣的名著名篇推动学生亲近和理解民国的名家

（4）借环环相扣的名著名篇帮助学生树立正确的人生观和价值观。

具体课程实施过程为五年级上学期整本书阅读教学林海音的《城南旧事》、萧红的《呼兰河传》，五年级下学期整本书阅读教学《红岩》，六年级上学期开展鲁迅人物专题讲座和《朝花夕拾》阅读教学。六年级整本书阅读教学沈从文的《边城》。

第一阶段：《城南旧事》、《呼兰河传》、鲁迅专题、《边城》——1912—1927年

（1）在阅读教学中引导学生关注容易被他们忽略的小说中社会风貌的描写，在文段细节中感受民国初年的社会特点。

例如，在《城南旧事》中有这样的描写，如"出了胡同口往南走几步，就是井窝子，这里满地是水，有的地方结成薄薄的冰，独轮的水车来一辆去一辆，他们扭着屁股推车，车子吱吱咤咤地响，好刺耳，我要堵起耳朵啦！井窝子有两个人在向深井里打水，水打上来倒在一个好大的水槽里，推水的人就在大水槽里接了水再送到各家去""严冬已封锁了大地的时候，则大地满地裂着口。从南到北，从东到西，几尺长的，一丈长的，还有好几丈长的，它们毫无方向地，便随时随地，只要严冬一到，大地就裂开口了"等。这类大段大段的环境描写无不生动描写出民国初期生产落后、贫穷愚昧的社会特点，这样的文段，学生一遍又一遍地分享朗读，生动形象的文字画面感极强，学生也有了强烈的身临其境之感，名家语言的魅力在学生品读中得到彰显和渗透。

（2）引导学生在文段场景中挖掘民国历史事件。

例如，《城南旧事》中小英子的父亲带着家人为什么从台湾搬迁到北平定居，秀贞和北大学生思康的相恋以及分离，"英子和宋妈去街上买菜，遇上游行押送犯人们的军阀们，犯人大喊一声'老少爷们们，给咱来个好'，街上的行人纷纷为他呐喊叫好，还有一个伙子给递上送行酒"……在这些故事情节和场景描写中可以逐一帮助学生还原一些历史事件，如清朝末年《马关条约》签订，1912年中华民国的成立，1919年的五四运动，1924年直奉战争的爆发，北洋军阀的混战时期，等等。在鲁迅专题单元中散文《好的故事》中挖掘《新青年》杂志的创立、停刊等历史事件，1925年的五卅运动，朱自清在《匆匆》中讲述1927年"四一二"反革命政变，帮助学生厘清了民国初年历史事件的脉络，了解小说的时代背景、社会特点后，学生们自然而然地理解了故事的发展，人物悲剧命运的必然，也深深地被书本吸引，产生

了主动挖掘小说的兴趣。同时也深深理解了鲁迅、朱自清等当时进步知识分子的迷茫和苦闷，挣扎和坚强。

（3）引导学生在不同的人物命运里探究其性格、历史、社会原因。

当学生把民国初期历史脉络基本厘清后，阅读教学可以从书本文段赏析提升到人物性格命运的分析和探讨中。《城南旧事》《呼兰河传》都是民国时期女性作家从孩子视角写的自传体小说，故事也塑造了不同阶层不同性格的女性形象，引导学生将女性形象分为以宋妈、秀贞、小团圆媳妇等为代表的底层旧女性，以兰姨娘为代表的受进步思想影响的底层新女性，以作家自身为代表的接受教育的现代新女性，在这三类人物命运的对比、探讨中学生开始形成积极的历史观、人生观、世界观。

第二阶段：《红岩》——1927—1949年

《红岩》是一部41万字的红色经典革命小说，对小学高年段学生来说，难度比较大，如果学生自行阅读则完全达不成阅读目标。因此，这本书的阅读必须由教师掌舵，进行指引。

（1）引发阅读兴趣首先还是要历史先行。

引导学生了解历史事件纪实、地理位置纪实、故事人物纪实，并让学生熟知这一时期的历史事件：①1927年蒋介石成立南京国民政府并于同年发动"四一二"反革命政变，屠杀共产党，国共第一次合作破裂。②1933年蒋介石发动对共产党领导的红军进行第五次围剿。③1936年西安事变，国共第二次合作。④1945年日本投降，1946年蒋介石发动内战，国共第二次合作破裂。⑤1949年中国共产党领导的中国人民解放军推翻国民党的统治。

当学生对这段历史了解后，才能理解《红岩》这部小说的意义，才能清楚中国共产党取得解放战争胜利的原因，也才能对语文教材中爱国主题单元的方志敏、刘伯承等英雄产生发自内心的崇敬之情。

（2）引导学生细品社会环境描写的当时社会特点。

着重引导学生关注小说的第一篇章中对社会环境的描写，从"在川流不息的人海里，一个匆忙走着的青年，忽然听到'火警！'的叫喊声，当他转过头来看时，报童已经不见了，只是在人丛中传来渐远渐弱的喊声：'快看本市新闻，公教人员困年关，全家服毒，留下万言绝命书……'"等大段文字描写中感受经济崩溃、民生凋敝、贫富悬殊、民怨沸腾、罢工罢课等国统区的特点和国民党必定失败的原因。

（3）引导学生学会关注外貌、动作、神态、心理变化描写，读懂人物。

在《红岩》中人物描写和五年级下册语文教材的写作训练点是非常吻合的。例如："江姐轻蔑地瞟了一下枪管，她抬起头，冷冷地对着叛徒狰狞卑劣的嘴脸，昂然命令道：'开枪吧！'叛徒一愣，仓皇地朝后退了一步。江姐立刻迈步向前，一步，又一步，把紧握手枪的叛徒逼到墙角。江姐站定脚跟，慢慢抬起手来，目光冷冷地逼视着不敢回视的叛徒，对准那副肮脏的嘴脸，清脆地赏了一记耳光。""江姐想到自己的任务，尽量冷静下来，不愿久看，掉回头，默默地走开了。她刚走了几步，心里又浮现出一个念头：就这样走开，连牺牲者的姓名也不知道，这对得起死难的战友吗？……再一次靠近拥挤的人群，强自镇定着脸上的表情，抑制着不断涌向心头的激怒。"类似这样精彩的人物描写非常多，学生在朗读和仿写中能进一步加深对人物的理解。

（4）引导抓住经典场景悟主旨

《红岩》中具有象征意味的场景，如"小萝卜头两手轻轻捧着那只虫子，唯恐伤害了它。刘思扬摸了摸口袋，摸出一只偶然带来的，被特务没收了火柴的空火柴盒，丢出铁窗，送给小萝卜头。小萝卜头打开火柴盒，把虫子放了进去。他正要关上盒子的时候，突然瞥见那只虫子，在盒子里不安地爬动。啊，它失去了自由。小萝卜头若有所思地停住了手。他把盒子重新打开，轻声说道：'飞吧，你飞呀！'"暗示了小萝卜头对自由的渴望。而"女牢绣红旗"则象征着光明和胜利的即将到来，学生在反复诵读中使自身的理解能力得到很好的提升。

（5）运用戏剧，将小说经典故事片段搬上舞台。

当学生发挥团队的力量将小说改编成剧本，每个学生扮演不同的角色，体验故事时，毫无疑问这就是最生动的历史穿越。从英雄人物推荐、剧本写作、角色竞选、戏剧公演，一次次的活动逐渐推动了学生对阅读的享受、对历史的熟知，当学生在日记里情不自禁地写出"将来我也要成为一名共产党员"的文字时，"全课程"的"全人"教育目标也真正得到了实现。

　　我正在探索小学高年段语文阅读教学"时光穿越之民国"全课程的构建，用两年的时间，将四本环环相扣的书籍和一个名家专题把历史和文学融合在一起，在文学阅读中还原民国时期的重大历史事件，引导学生自发去了解、熟悉民国后，再推动学生去了解近民国时期的名家萧红、鲁迅、朱自清等，从而达到对民国时期名篇名作的真正领悟，同时在不知不觉中帮助学生树立正确的人生观和世界观。

第四节 绘本阅读教学与表达策略^①

　　"全课程"创始人李振村先生认为：每个儿童都是一个宇宙，我们对宇宙的了解多么浅薄，我们对儿童的了解就有多么浅薄。所以，要创新课程，首先要研究儿童。儿童是一切课程改革、教学改革的起点和归宿。"全课程"从哪里来？要到哪里去？一句话，"全课程"从儿童出发，回到儿童本身。

　　绘本，以其丰富多彩的画面，包罗万象的主题，给儿童展现的是五彩缤纷的大千世界、自然世界、心灵世界，从而吸引着儿童的阅读目光。优秀的、经典的绘本，往往能够和儿童站在一起，从儿童的角度出发，以儿童的心灵去体会，所以绘本易于被儿童接受。正是基于这样的儿童阅读定位，笔者认为，儿童阅读是儿童与优秀的人们交流思想，并向他们学习语言的艺术，这样不但能提升儿童的品位，使他们爱上阅读，而且能赋予他们驾驭语言表达真正自我的能力。我们将绘本阅读与表达巧妙搭桥，有效连接，取得了可喜的效果，实践、总结、归纳出以下七项策略。

一、在绘本创意与表达兴趣之间巧搭桥

　　想象是绘本的重要特质。著名的绘本作家，阅读推广人松居直说："没有幻想，就无法言说孩子们的文学，孩子们的阅读幻想世界，不是我们手拉手就可以简单进入的，可体验过这个世界的每一个人彼此会拥有深层次精神的共鸣。托尔金的著作之所以在世界上能吸引很多自由的年轻人的心灵，不

---

① 本章节由东莞外国语学校小学部王成莲老师撰写。

就在于幻想赋予走进幻想中的每个人精神的美丽、高贵和快乐吗？"①优秀的绘本创造了一个幻想的世界，一个高贵快乐的体验世界。在这个幻想的世界里，孩子的心灵是自由的、舒展的，因而想象力也是无限的。于是，当我们引领孩子徜徉其中，简明的文字与细腻浪漫的图画就使孩子的想象力与创造力得以自由发挥。

《夏天的天空》就是这样的作品，这是本无字书，作者用明快的笔触描绘了天空千变万化的云朵。一对姐弟和两条狗奔跑在一望无际的草地上，尽情地嬉戏玩耍。天空变幻莫测的白云，引发了孩子们的想象，从模糊的云的形状中看出各种各样的动物、船只、火车以及武士，它们仿佛在演绎一个个故事。作者用栩栩如生的图画描绘着孩子的梦想，孩子被作者奇妙的想象力吸引，深深地沉醉在这温暖而广阔的大自然中，勾起孩子们对美好梦想的深深渴望。

教学中，教师带领学生们阅读绘本。随着画面的展开，图中云朵千变万化的造型吸引了学生们的目光。再仔细阅读，那些变幻的造型背后，还有着神奇的故事，这更加引起了学生们的浓厚兴趣，纷纷被天空云朵的精彩表演吸引，痴迷其中。就这样，老师与学生们边看图，边发现，边讲述，读完后，教师引导说："天空中的云朵呀，每天都在表演。无论你是身居沙滩、草原，还是大海，无论是在早晨、午后，还是在傍晚，只要你一抬头，就会看到它们的演出。来吧，学生们拿出我们的笔和纸，描绘表达你心中的云朵吧！"

学生们笔下的云朵故事，真是丰富多彩，有滋有味，有声有色。

例如，黄可欣眼中的云朵是一杯甜甜的果汁，旁边还有一块云朵面包呢！这是一份多么美味的云朵早餐啊！更有童趣的是果汁杯沿上还有一颗星星，亦真亦幻。文字沿着云朵杯的边缘"行走"，神奇的想象浸润在创意的表达之中（图1-4-1）。

---

① 松居直. 幸福的种子［M］. 刘涤昭，译. 北京：二十一世纪出版社，2013.

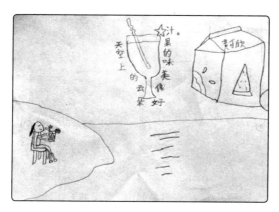

图1-4-1　黄可欣创作《夏天的天空》

陈怀川的画面色彩明快，蔚蓝的大海上帆船点点，小舟荡漾，霞光映红了水天交接之处，创造了一幅美好的画面。在画面中，有美景；在文字表达中，则有美味。他写道："天空上的云看起来就好像飘到我的嘴巴里去了。"读到这句，谁能不分泌唾液，流口水呢？这就是学生图文结合的表达效果，给人带来的美好享受。（图1-4-2）

图1-4-2　陈怀川创作《夏天的天空》

张嘉睿同学用简单的线条，以四幅漫画的形式，勾勒出夏天的云朵变化过程。从文字叙述中，我们品到了味道——棉花糖；有造型的变化——变成小绵羊，变成小猪；这个变化是"渐渐地"——略带梦幻神奇；还有明丽的色彩——"太阳公公给云朵穿上了一件金色的外衣"（图1-4-3）。

图1-4-3　张嘉睿创作《夏天的天空》

这样的表达不仅很有立体感、美感，而且还童趣盎然，难能可贵。

许多优秀的绘本作品中都充满了悬念，给人以意外惊奇之感；有的作品充满神奇的想象，带读者进入一个全新的世界。这正契合了小学生的想象特点，学生想象的热情被点燃，表达的欲望自然高涨。

二、在绘本主题与表达内容之间巧搭桥

经典绘本之所以受学生喜欢，一个重要的原因是绘本所表现的主题，非常接近学生的生活，极易引起学生心灵的共鸣。于是，在绘本阅读中，学生进入一种阅读自我生活的状态，绘本的主题会使他们想起自己的故事，这些被绘本激活的生活经验或者个人故事将成为学生写话的活水资源。

学生们喜欢玩捉迷藏游戏，在阅读《艾玛捉迷藏》这本书时，他们能从中找到游戏的快乐，能从中找到自己的生活，能够把书中的情节与他们的生活联系起来。读完这本书，教师启发学生们描述自己的捉迷藏游戏。

陈俊铭同学的画面中，两只小鸟在天空自由飞翔，一只是鸟妈妈，体型略大，另一只是鸟宝宝，体型略小。它们占据画面的中央。玩捉迷藏的两位主角在画面下方。一个藏在草丛里，只露出小脑袋，这个细节形象地反映出学生把自己藏起来，不让同伴找到的心理。远处，画面的右下角，同伴东张西望、一脸好奇的表情，描绘了找不到同伴的无奈。文字表达简练清晰：我和汪泽龙玩捉迷藏。我躲在草丛里，汪泽龙没找到我。

吕倩茹用画面表达了"小象"和"我们"玩捉迷藏的不同情景。画面左

边是小象在一条弧线的隐蔽下藏了起来，但它没有逃过小鸟的眼睛，小鸟仿佛张大嘴巴喊："我找到你了！"右边是玩捉迷藏的"我们"，画面丰富。学生们在一个小象造型的游乐场内，有的藏在高处，有的藏在角落，玩得不亦乐乎。貌似互不相关的两个玩捉迷藏的世界，在文字表达中有了联系：我和我朋友一起玩捉迷藏。小象也一起玩，它们很高兴（图1-4-4）。

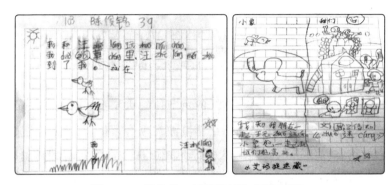

图1-4-4　陈俊铭、吕倩茹创作《捉迷藏》

一幅图文并茂的表达画中，学生打破了阅读与生活的界限，把绘本阅读与自己的生活紧紧地联系在一起，对学生读写启蒙的价值是不言而喻的。

三、在绘本图语与表达内容之间巧搭桥

绘本中的图画，不同于一般的图画，它承担着表情达意，叙事的功能。从绘本的图中，我们能够读出人物内心的思想、情感；能够读出环境的安静与紧张；能够读出故事情节的细腻变化……在教学中，如果我们能够抓住绘本中鲜活的图画语言，引导学生用文字语言进行有序、准确的表达，会达到很好的语言训练效果。

比如，在《14只老鼠的秋天进行曲》中有一幅画面描绘了老鼠全家出动，去森林采摘果实的情节，画面丰富生动。在教学中，教师引导学生描述老鼠们各种拿东西的动作，学生们通过观察，在生动的画面的启发下，学生生动的描述性语言呼之欲出（图1-4-5）。

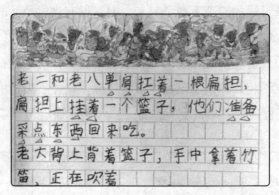

图1-4-5 许可凡描写《14只老鼠的秋天进行曲》

再如，《好朋友》一书中有这样的情节：每天早上，公鸡咕咕负责叫醒农场里的所有动物，小老鼠强强和小猪波波在一旁帮忙。强强和波波怎么帮忙呢？答案在画面中：小老鼠强强双手抡起锤子，对着铁罐敲打，这声音该有多吵啊！小猪波波吹着金黄色的小喇叭，那声音该有多大啊！难怪老牛被惊得睁大了眼睛。好朋友在一旁帮忙的情节，生动有趣，读到这儿，一定会给学生带来美好的阅读体验。我们在阅读图画书时，能够引导学生观察画面中有趣的细节，并进行适当的延展，把小老鼠强强和小猪波波帮忙的细节表达出来，也是阅读与表达中很有趣的体验。

由于绘本的画面有趣生动，隐藏着呼之欲出的语言，贴近学生的心灵。在教学中，如能巧妙引导学生进行观察，那学生的文字表达就会水到渠成，很容易写出好的效果。

四、绘本文本与表达内容之间巧搭桥

经典的绘本，其语言的精妙，是学生学习语言最好的范例；其巧妙的构思，给予学生启迪。有的绘本，作者在结尾处，会埋下伏一个伏笔，有种书外有书的感觉，留给读者无穷的想象空间。因此，我们要利用绘本中这样的资源，或仿写，或扩写，或续写，让绘本结尾处的余音在学生的创意下荡漾开来。

英国的绘本大师安东尼·布朗用孩子的口吻和眼光来描绘一位既强壮又温柔的爸爸，其语言最大的特点就是运用夸张的手法，文中这样的句子随处可见，如这是我爸爸，他真的很棒！我爸爸什么都不怕，连坏蛋大野狼都不怕。他可以从月亮上头跳过去，还会走高空绳索（不会掉下去）。他敢跟大力士比赛摔跤，在运动会的比赛中，他轻轻松松就跑了第一名……[①]

学生读完《我爸爸》一书，有学生也用夸张的笔法写道：

我爸爸生气时，两眼直冒火，那火仿佛能把世界变成废墟；

我爸爸高兴时，嘴巴笑的比犀牛嘴还大；

我爸爸非常强壮，能把我高高举过头顶。

学生被《我爸爸》文中那个亲切、有趣、可亲、可敬的爸爸形象感染，他们阅读后的精神状态是放松的、愉悦的。此时，让学生描写自己的爸爸，他们心目中的爸爸和自己爸爸的形象互相对接，变得生动、活泼、鲜活、可感，而不再是一个格式化的爸爸形象。

学生笔下有幽默的爸爸、"贪心的"爸爸、爱发脾气的爸爸、电脑迷爸爸、丢三落四的爸爸、糊涂蛋爸爸、帅气的老爸、我的"坏"爸爸、双面人爸爸、厉害的爸爸……

例文：《厉害的爸爸》（图1-4-6）。

厉害的爸爸

（文/图 汪泽龙）

我有一个非常厉害的爸爸，他"打架"可厉害了！每次"打架"，他只用一只手就可以和我打。

图1-4-6 汪泽龙创作手工绘本《厉害的爸爸》

---

① 安东尼·布朗.我爸爸［M］.余治莹，译.石家庄：河北出版社，2014.

我爸爸骑车是一流的！

我爸爸可以从山上冲下来，还能骑上山顶；我爸爸可以站着骑车，还可以把车立着骑。我爸爸是一个很厉害的爸爸！

绘本中有着得天独厚的资源，天马行空的创意，丰富多彩的主题，千姿百态的"图语"，优美经典的文本，在教学实践中，利用绘本书中丰富的资源，引导学生用"图语"和文字相结合的表达方式进行创作，进而提升学生的语言表达能力，这样会收到很好的教学效果。

五、在创意手工绘本书与表达方法之间巧搭桥

随着绘本阅读与画外话表达的持续开展，我们需要把学生们的读写活动引向深入。因此，主题阅读与手工绘本书的创作便应运而生。根据阅读表达主题，我们做了魔法书、折页书、镂空书、手提袋书、钱包书、南瓜书、圣诞树书等，可以说，主题阅读与制作手工书是绘本阅读与画外话的升级版。

例如，南方的孩子很少见过雪，因此，教师把《雪人》《14只老鼠过冬天》《雪精灵》等几本以冬天下雪为主题的绘本，集中呈现给学生们。学生们沉浸其间，很是着迷，教师引导学生们用制作手工书的方式，表达他们心中雪的故事，学生们很有创意，很有艺术范儿。

下图是梁钰同学用四个版面，创作的手工书——《地上堆雪人》（图1-4-7）。

图1-4-7 梁钰创作手工绘本书《地上堆雪人》

学生们的世界充满幻想与想象，绘本《米莉的帽子变变变》《我的连衣裙》《妞妞的鹿角》把学生们的奇思妙想给点燃了。在阅读后的手工书制作中，给我们带来惊喜。

温嘉怡创作的《我的神奇连衣裙》，想象丰富，语言朗朗上口，图画鲜活有趣。她以第一人称"我"的口吻来写连衣裙，更容易使读者置身于情境中。这是一本给人带来愉悦的书。封面上是一朵笑眯眯的云朵，很有亲和力。采用折页的方式呈现，带给读者神秘的感觉。翻开折叠的书页，便看见天上飘下一块雪白的布，缝纫机咔嗒咔嗒响着，原来是要做一条公主裙。接着公主的连衣裙变成了水果、向日葵、喇叭花、草莓等图案。结尾处写道：哎，我有点儿困了，明天再玩儿吧。这样的结尾学生们很喜欢，在睡前读这本书，给人一种安静平和的感觉。最后封面和封底合在一起，是一幅完整的图画，太阳、云朵都笑眯眯的，一个可爱的小女孩在草地上，草地上点缀着各种各样的花朵，在这样的情景中，学生的想象力也会不断发展（图1-4-8）。

图1-4-8　温嘉怡创作手工绘本书《我的神奇连衣裙》

在实践中，教师引导学生用图画和文字共同表达一个主题，尝试"创作绘本"，我们把学生创作的"书"，称为"手工绘本书"。学生投入其中，乐此不疲，每每完成一本书，学生的自豪、幸福之情难以抑制。手工绘本书，造型多样，活泼有趣，简单易学，再配上图文，便有独创的味道。既重形式，又重内容，读写效果甚佳。

六、在绘本表演与表达方式之间巧搭桥

绘本戏剧活动是一种深度的阅读与表达，也是很有创意的阅读与表达。在绘本阅读教学中，通过肢体语言、画面表情等多种方式进行创造性表现，扮演不同角色，以表演的形式展现绘本内容，会收到很好的效果。

每学期老师和同学们一起选定绘本作品，经过深入阅读、创意改编、制作道具、精心彩排、咀嚼品味等与戏剧表演相关的活动，增加学生的投入感和成就感。

例如，在教学《害羞的小哈利》中，教师为学生读故事，慢慢地用比较戏剧化的方式，呈现整个作品，将学生引入故事情境中。小哈利参加皇后的花园派对，成为大家关注的焦点，这时的小哈利在众目睽睽之下，那是多么害羞啊！国王和王后以及在场的人都被哈利漂亮的服装吸引，都想请哈利做一件服装。这时，我请了几位学生分别扮演国王、王后以及在场的人们，他们怎样向哈利提出做衣服的要求，小哈利是如何回应的，同学们展开了现场表演。因为有故事画面的启发，所以同学们能够走进人物角色展开交流，根据人物角色展开对白表演（图1-4-9）。

图1-4-9　绘本剧表演《害羞的小哈利》

戏剧表演活动，极大地调动了学生参与的积极性，可以引领学生进入丰富的想象世界，通过戏剧表演的方式，让学生在想象的世界里学会表达自

己，展现自己，还可以让学生获得自信心和团队合作经验。在表演中，学生的学习更富有创意，教师的教学更生动、活泼，其价值在于让学生透过表演使绘本情节"活"起来，激发与提高他们阅读绘本的兴趣，启发学生想象与思考。可谓是深层次的阅读，给学生带来多重收获。

绘本戏剧表演之后，学生的表达热情高涨，我们趁热打铁，让学生当作家创编绘本故事，学生的创作之源如滔滔江水，汩汩而流。

以"害羞"为主题的绘本教学结束之后，我们把《害羞的小哈利》排演成绘本剧演出。引导学生依据演出体验，进行绘本书创作，使他们的表达更具创意。例如，作品《小燕子旅行记》（图1-4-10）、《小哈利的新日记》（图1-4-11）。

小燕子旅行记

（图/文　魏陶然）

我是一只快乐的小燕子，我有一个好朋友，名叫小哈利，他很害羞。

春天，我发现他穿着鲜花般的衣服，躲在花园里。冬天，他穿着雪白的衣服躲在雪人后面。

图1-4-10　魏陶然创作手工绘本书《小燕子旅行记》

小哈利的新日记

（图/文　尹焯楹）

有一天，哈利在公园玩，他碰见了小燕子和小花朵。

他们玩了捉迷藏，哈利藏，花朵找，花朵找不到哈利。

他们还是很开心。

图1-4-11　尹焯楹创作手工绘本书《小哈利的新日记》

七、在绘本阅读与生活表达之间巧搭桥

绘本阅读与创意表达要与学生的生活融合，走进学生的生活。生活中处处有阅读，处处是表达。读书中有生活，生活中充满创意，创意激发表达。教师要善于捕捉能引起学生共鸣的关键点，把学生的生活与读书表达不留痕迹地有机结合，就会收到良好的教学效果。

例如，学生入学之初，学习写字，掌握写字双姿是一项重要的学习内容。教师从绘本阅读入手，选择一本蕴含这一道理的绘本故事读给学生听，引领学生读《不会写字的狮子》。当学生读到狮子因不会写字，请鳄鱼、老鹰、屎壳郎等帮忙，但他们写的都不是狮子想要的。狮子非常生气地说，不是这个意思，气死我了！

我对学生们说："我们上了学，都学会了写字，可是如果写不好，别人会说'这是什么字，看不懂，气死我了。'"在幽默的故事里，学生们领会了其中的道理，学生们还创作了手工绘本书《我是书法家》（图1-4-12）。

图1-4-12　龙思妍、黄可欣创作手工绘本书《我是书法家》

在课堂上，我给每个学生拍了一张端正的写字姿势照片，让学生们晒出来。顺势还引导说："咱们班的同学写的字都很端庄漂亮，我们来做一本认真写字的书吧！"于是，我指导学生们制作手工书，张贴在宣传墙上，同时还把学生们规范标准的写字姿势张贴出来，如同把正确姿势印在学生心中。学生们在日常的写字中，能够按照正确的书写双姿进行书写，达到了很好的教育效果。

绘本故事的育人在于润物细无声的引领。孩子沉浸其间，心领神会，乐于接受。松居直曾说：孩子们长大以后，我才真正了解到，当时我用自己的声音、自己的语言讲了这么多故事的意义在哪里。我也发现，通过念这些书，我已经在他们小时候，把一个做父亲的想对孩子们说的话说完了。[①]

再如，我们根据不同的季节、节日等开展系列的主题阅读和主题实践活动，将主题阅读与生活融合，不仅能给学生的写话能力带来积极影响，还能培养学生的整体语文素养。

秋高气爽时节，在主题阅读课上，我应景地给学生带来秋天主题的绘本。当学生从《14只老鼠秋天进行曲》看到老鼠们扛着锅灶，背着吃的，一起去秋游时，羡慕不已；学生在《来吧，我们一起发现秋天》中，了解到秋天大自然的秘密，兴奋不已；在《落叶跳舞》中，看到落叶拼成的各种各样的图案，惊叹不已。大家也十分想去秋游。

经过一阵讨论，我与学生们确定秋游实践的三个活动。

活动一：观察农民伯伯收割稻谷，了解米粒的成长过程。

活动二：小组合作动手扎个稻草人。

活动三：小组合作、发挥创意，用活动照片，制作一册手工书。

分好了小组，明确了任务，选择一个好天气，我们便向着金色的稻田出发了。到了稻田，我们先请农民伯伯给大家讲解稻谷的生长过程，讲完后，我把事先准备好的体现稻谷生长过程的十二张照片，打乱顺序，分发给每个小组。学生便围成一圈，根据稻谷生长的顺序排序。不一会儿，学生们就排

---

① 松居直.幸福的种子［M］.刘涤昭，译.北京：二十一世纪出版社，2013.

好了顺序。于是，各组同学轮流讲解一粒米的成长过程。把课堂搬到田间，伴着稻米的清香，学生们讲得有滋有味。

接着，各小队分工合作扎稻草人。起初，有的学生说要扎个水牛稻草人，有的说要扎个长颈鹿稻草人，还有的说要扎个蝙蝠侠稻草人，大家的想法各式各样。真正操作起来，却都感觉很难实现。于是，学生们不得不放弃原有的想法，只好用稻草捆在一起，拼装组合。不少小组还是很会合作的，他们有的捆绑稻草人的身体，有的扎稻草人的头，还有的扎稻草人的胳膊……最后，大家又把稻草人的各个部件组合起来。组合的时候，学生们有的扶着稻草人的身体；有的用稻草捆绑；有的出谋划策，做指挥，胳膊要高一点，头要扶正一点……学生们做得很投入、很专注。组装好了，大家拍手叫好，还有的学生把自己的衣服给稻草人穿上，围着稻草人手舞足蹈，拍手叫好。

给学生们一个平台，教师不用讲解怎样合作，学生们自然而然地学会了合作。在合作中，尽管有分歧，但是为了能做成稻草人，他们也会商量，也会妥协。在合作中，他们学会谦让、妥协，商量着解决遇到的问题和困难。这大概是本次实践活动的价值所在，也是我们所期待的。

做好稻草人后，学生们在田野里狂奔，翻跟头，好玩的天性尽情展示；他们围着收割机观察，好奇地提出很多问题。就这样，半天的实践活动结束了。

不久后，家委会的热心妈妈们就把这次活动的照片晒出来。拿到班级，每个小组都挑选到自己最中意的照片。学生们要用这些照片，分工合作创作一本书（图1-4-13）。小组长带领大家先征集书的题目。瞧，他们创作的书，有的名为《一粒米成长记》有的称为《飞鹰队与稻草人之旅》，还有的叫《稻谷日记》《稻谷里的神秘雪狼》《稻草人的一年四季》《飞虎队GO》，各有特色，没有相同的。然后，学生们根据主题和照片内容，确定故事内容。大家在商量写什么，怎么写时，常常是各执己见，争论不休，这时会由组长决策；有时大家各自讲清楚自己的道理，谁说得有理就听谁的；有时争论不出结果，就通过猜拳决定。

有的组是按照文字作家、设计画家等角色分工，一个人执笔，其他人口述打草稿，然后修改、抄写，其他人负责美术设计；有的组按照内容来分工，每人负责一页，每个人既是文字作家，又是设计画家，最后把每页作品组合成一本书。

每个小组，齐心协力，动手动脑，做成一本独一无二的手工书。学生们很有成就感。于是，我们便开展了一次别开生面的新书发布会。发布会上，学生们以小组为单位，登台讲述创编的故事。台下的学生们认真倾听的劲头，不比听绘本时的劲头差。

从主题阅读到主题实践活动中，我与学生们可谓收获良多。

首先，从读书发起活动，到制作创书结束，在这个过程中，学生们从体验到合作，学会了配合。其次，让学生在活动中，产生合作的内在动机与愿望，从而使他们在合作中分享快乐，收获成功，一定会给集体带来整体大于部分之和的团队效应。最后，我们将班级管理与绘本阅读紧密结合，在活动中享受分工合作的快乐，滋养心灵，陶冶情操（图1-4-13）。

（a）

（b）

图1-4-13　全班创作手工绘本书《秋天的收获》

　　需要指出的是：绘本对于学生的精神成长具有独特的"营养价值"。我们在研究中充分挖掘绘本在语言表达方面得天独厚的教学资源——创意、主题、图语、文本。此外，结合学生的生活，我们设计了绘本阅读的延展活动——手工书、绘本剧（故事）表演、生活共鸣。这些实际上都是利用绘本自身资源和绘本的延伸拓展来实现的（图1-4-14）。

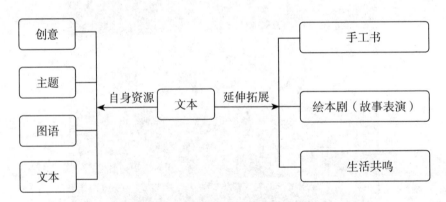

图1-4-14　绘本自身资源和绘本延展

　　法国思想家、教育家卢梭曾说：大自然希望儿童在成人以前就要像儿童的样子。如果我们打乱了这个秩序，我们就会造成一些早熟的果实，它们长得既不丰满也不甜美，而且很快就会腐烂。

　　我们正是从儿童本位出发，把握儿童生命发育成长的节律，珍视儿童的阅读与表达的特性，遵循儿童的身心发展规律开展教学活动，我们欣喜地看到他们越来越乐于读书，善于表达。这正是"从儿童出发，走向儿童"的历程。

第五节 教育戏剧课程教学的探索

著名儿童教育学家张金梅女士曾说："人类天生便拥有戏剧天性，所以在孩提时代，就需要戏剧的滋养、教育戏剧的启发。"

最近几年，基础教育课程改革不断纵向发展，大家努力创建全面发展且具有独立教育价值的综合课程，从而达到全面提升学生综合素质的目的。于是，学生期待已久的"教育戏剧"课程登堂入室，而我们也在"全课程"教育的路上，逐光追梦！

一、什么是教育戏剧

教育戏剧，简而言之就是将戏剧方法、技巧和形式，运用在教学或社会文化活动中，让学生通过剧本改编、戏剧游戏、角色扮演、戏剧训练等戏剧实践，实现学习目标。在教育戏剧中，教育是目的，戏剧是形式；教育是核心，戏剧是载体。教育戏剧被认为是当今最契合"全人教育"与"终身教育"并面向未来的艺术教育方式，它强调让学生打开身心，全体参与和体验，鼓励学生思考各种问题、体验各种情感，进而更好地培养人与人，人与社会之间的沟通能力、协作能力、自我表达能力以及解决问题的能力。

二、教育戏剧的意义

（一）"编"剧本，激发学生学习语文的兴趣，提高学生的综合素质

通过"编"剧本的方式，激发学生对语文学习的兴趣，最根本的原因在于一个"新"字。

首先，形式新。传统的语文教学，课堂上内容全面繁复，教师讲得点

滴不漏，学生要努力地去接收知识点。现在让学生把整本书或课文改编成剧本，并且要表演，形式一翻新，学生的兴趣自然来了，选哪一本书，哪一篇课文，怎样编，谁来演什么角色合适，能不能演好等。一系列的问题都需要学生去思考，需要学生认真阅读文本后才能解决问题。有了兴趣，学生的学习就更主动、更积极了。

其次，内容新。剧本改编，首先要有扎实的语文基础知识。对话语言要规范，用词要准确，句子要完整。表演时读音要准确，对话要与人物性格相符合。这些要求的落实都需要学生有较扎实的语文基础知识，改编过程是学生主动学习语言基础的过程，也是各方面能力得到提高的过程。

再次，表现新。改编剧本，还要把很多叙述性语言转化为对话，因为剧本是通过对话来推动情节发展的。对话语言强调性格化，学生需要对人物性格进行把握并注意对话语言表达的技巧。学生改编了剧本，那么就提升了把语文知识迁移至实际生活的能力，提升了他们对生活的观察分析能力。

最后，思维新。编剧本又是一种创造性活动。改编是一种创造，每个学生在文本的阅读理解中都有自己独特的体会。文本改编后再进行表演，使个人的创造性发挥达到巅峰。

（二）"演"剧本，培养学生的创造性思维能力和表演能力，提高文化品位

著名学者余秋雨先生说："一个孩子如果没有机会从小学习表演，将来很难成为有魅力的社会角色，让儿童参加舞台表演，不是要培养文艺爱好者，而是要赋予孩子们一种社会技能。"所以表演是实现培养学生的创造性思维能力和表演能力，提高文化品位的有效途径。

首先，学生把曲折的文本改成剧本后，他们要考虑演绎，把剧本改成一幕剧，一幕剧又可以分成几场。每场中需要哪些道具，人物需要哪些服饰，人物之间需要怎样的台词，人物的表情、动作又该如何展现等。这些寓教于乐的活动激发了学生强烈的好奇心，每个同学都积极参与活动，出谋献策，这可以锻炼学生的创造性思维能力。

自编自演完全能激发学生的表演欲，激发学生对艺术美的追求和享受。在活动课开展时，每个学生都强烈地要求扮演剧中的人物。学生们在编演的过程中，创造性地改编文本故事，锻炼了自身的想象能力；同时也激发了他们对戏剧表演的兴趣，拓宽了课外的生活面。

其次，语文新教材明确把"注重培养学生的创新精神，提高学生的文化品位和审美情趣"放在了重点，而表演舞台剧就能提高学生的文化品位和审美情趣。学生在表演剧本的过程中就会创造性、别出心裁地去设计人物的造型、动作、体态。他们会考虑如何通过举手投足展示人物在表演艺术上的美，表演时道具该用哪些，舞台道具该怎样放，人们哪个先出场哪个后出场，人物的面部表情该怎样，是似恭似卑，还是似狂似癫等，经过周密的布置和安排，最后表演结束。学生们也在表演中提高了他们的文化品位和审美情趣，了解了戏剧艺术的特点。

总之，教育戏剧增加了学生学习语文的浓厚兴趣，深化了学生对课文中故事主题的理解，培养了学生的创造性思维能力和表演能力，提高了学生的文化品位和审美情趣。点燃兴趣之火，就会得到丰硕成果，就会使学生的综合素质得到全面发展和提高。

案例一：《夏洛的网》实践活动诠释教育戏剧

"老师，我要当夏洛。"

"老师老师，我要扮演威尔伯。"

"我喜欢弗恩。"

……

戏剧庆典一宣布，教室里炸开锅了，而这一切开始于那个微风不燥的午后……

【你好，夏洛！】

2020年9月30日午后，我们举行了隆重而激动人心的《夏洛的网》发书仪式。有学者曾这样推介《夏洛的网》一书：世界上有两种人，一种人读过《夏洛的网》，另一种人则正准备读。为了迎接这一戏剧庆典，我和孩子们正在做"另一种人"——准备读《夏洛的网》。而课本剧的会演，给原本普通的一本共读书增添了更多的兴致，学生们为了能演好这出戏，认真而扎实地阅读着这本《夏洛的网》。

1. 问题导向，从整体到章节

借着国庆八天假期，我让学生们自由阅读《夏洛的网》，让他们对故事情节有了整体的了解，并罗列出自己的问题。在共读的第一节课上，我们了解了作者及其创作本书的原因，从分析封面入手引出本书的几个主人公，并分享对这几个主要人物的初步印象。根据同学们提出的问题，我们在每一章都提炼出了一两个核心问题，依托问题，推进阅读，引发深度思考。

2. 辩证思维，从章节回归整体

哲学家加雷斯·B·马修斯认为："绝大多数哲学问题，都具有天真而朴素的特性，而孩子天生就是纯真无邪的，因而很容易提出哲学问题。"这次共读，我们主要围绕着以下几个问题进行了讨论。

这是一本关于什么的书？

① 关于动物的童话故事？是的

国庆八天假期，孩子们自由初读《夏洛的网》，他们被书本中故事情节所吸引，书本以简单口语化的语言，童话的叙事风格，建构了一个个有趣生动的情节，主要讲了一个以夏洛为首的一群动物拯救一只小猪的故事。看完书后，学生们得出结论：这是一本关于一只蜘蛛夏洛和一只小猪威尔伯的童话故事。

② 关于友谊？是的

但这仅仅是关于一只蜘蛛和一只小猪的童话故事吗？为了让学生自己寻找答案，我们开始了第二阶段的共读活动，让学生再读书本，并且找出自己喜欢的细节，做好批注。通过第二轮的共读，学生不仅找到了很多自己喜欢的情节，还找到了许多打动自己的地方。

这时候学生终于发现，夏洛和威尔伯之间最真挚的友谊。威尔伯发生危险时，看似渺小的夏洛用自己的力量救了威尔伯，而在自己的生命走到了尽头时，威尔伯拼尽全力保护夏洛的孩子们。终于，学生们得出了更深层次的理解：这是一本关于友谊的书。

③ 关于生命？是的

古今中外，努力思考生命的人都是先贤大哲，如柏拉图、亚里士多德、黑格尔、斯宾塞，但纵使是他们，也没有对生命的意义做出统一的定论。如果抛给学生一长串晦涩的专业术语肯定不合适。《夏洛的网》试图用简单动人的方式让学生自己找到关于生命和成长的答案。童话故事的好处是符合儿童的认知和情感需求，比滔滔不绝的说教更容易让孩子接受。因此，我引导学生进行第三轮的共读，从弗恩救下威尔伯，从威尔伯害怕被做成熏肉火腿，从夏洛织网拯救威尔伯，再到夏洛临终说的那一段话，我们发现了一个共同的关键词？那就是——生命。生命的意义不在于长度，而在于宽度，生命的宽度才是真正产生价值的地方。

最终，学生得出最深层次的理解：这还是一本关于生命的书。

3. 威尔伯与夏洛谁是主角的辩论

在学生充分阅读的基础上，我们迎来了一场公开展示课，课堂中我再次抛出问题：这本书里面，威尔伯和夏洛，到底谁是主角？学生再次回归书本，寻找主角的蛛丝马迹……

"我觉得威尔伯是主角，因为威尔伯一开始就出现了。"

"我觉得夏洛是主角，因为书本的名字就叫《夏洛的网》。"

"我觉得威尔伯是主角，夏洛最终死了，主角是不会死的。"

"我觉得夏洛是主角，因为是夏洛的智慧拯救了威尔伯，没有夏洛，威尔伯早就被做成熏肉火腿了。"

……

若不抛出这个问题，我永远不知道学生的观察力和辩论能力有多强，正是有了这场辩论，让整个课堂丰富而饱满，让人充满激情而难忘（图1-5-1）。

图1-5-1 公开展示课

【你好，戏剧！】

当我们把这本书读透了，也就迎来了开心的期末课本剧庆典，于是出现了开头的一幕，学生们对表演的热情超乎想象：威尔伯出生时，弗恩的拯救；威尔伯长大后对生命的渴望；夏洛对生命价值的诠释；威尔伯回馈夏洛的感恩之心……每个学生都在认真对待自己的角色，他们自豪、自信地通过舞蹈挥洒情感，深情地演绎着，哪怕只是一棵树，一个谷仓，都可以安安稳稳地站立着，接受观众们目光的洗礼，这恰好诠释了什么是"重要的主角，伟大的配角"。

【你好，生命！】

当读本遇上课本剧，这就是最好的"全课程"。我们的期末课本剧庆典终于在2021年3月5日的下午搬上了大舞台，学生们全身投入，激发了他们合作探究意识，可以增加他们对戏剧艺术的认识，更激发了他们对美和艺术的追求（图1-5-2）。

图1-5-2　戏剧表演

剧本成就了角色，因为一本冷冰冰的读本被学生演活了；角色扮演推动了学生的成长，让学生更深刻地理解了生命的价值，对生命更加敬畏与珍爱，更让他们从身边做起，呵护身边的每个生命。小麦同学写道："我要为叶同学织网，希望他能更优秀。"祝同学说："我要为祖国织网。"，爱心织网图片如图1-5-3所示。

图1-5-3　爱心织网图片

教育戏剧，着眼点并不在于培养戏剧家，而是借教育戏剧这个载体，激发学生的学习兴趣，让每个学生都有展示自己的舞台，培养学生的团结协作精神，提升他们的核心能力，如语言文化、展演技能、思维能力等。

让孩子们向着有光亮的地方奔跑，是我们教育者一生的追求。当孩子们围坐在一起，根据自己的感受，演绎着真假难辨的生活，体验着生死衰荣的世间，而这些体验就如一束束光，带领着孩子走进光明的世界。未来，我们将一如既往地追随着教育戏剧这盏灯，带孩子们乘风破浪，扬帆远航。①

案例二：教育戏剧常态化的教学实践
——从"伟大的配角"到"重要的主角"

"重要的主角，伟大的配角。"在各实验学校的教育戏剧实践中，这句话常常被引用。是的，一出伟大的戏剧，主角永远只有一两个，而大部分的演员均以配角出现。"红花还须绿叶配"，配角的伟大之处，就在于对戏剧完整性的保障，对戏剧细节的把握。

教育戏剧在现在的语文教学中，如配角般的存在，比起朗读、阅读等教学法，我们使用的频率确实没这么高，但是教育戏剧作为一种教学法在"莞外"小学部是不可或缺的，或者说，它已经成为我们素质教育，融合教学中的重要组成部分。

作为"全课程视野下教育戏剧语文实践"课题组的成员之一，这个学年我们积极进行了一些实践，稍有成果，特撰此文，分三个篇章。与大家共享。

1.戏剧创作——教育戏剧受众利益最大化的选择

如果翻开一本书，就是开启一段奇妙的旅程，那么创造一台戏剧就是把旅程的终点改为新的起点——阅读的目标，不就是理解、感受和内化吗？

所以教育戏剧作为教学中的一环，展演是常见的表现形式，而展演前对学生再进行整本书阅读的指导，帮助其学习和体会，是他们对剧本的再创作，对角色的再演绎，以及对服装、道具、舞台、音乐的设计才是使学生受

---

① 以上由东莞外国语学校小学部危菲菲老师撰写。

益更多、更大的"好路子"。

以学校五年级为例，本学期学生共同进行了红色经典书籍《红岩》整本书阅读。从一开始的阅读讲座，到学生自读，再到英雄嘉奖视频录制、"红岩"英雄族谱的小报创作、微剧本创作大赛、班级片段表演大赛、读后感大赛、年级展演角色选拔、读书节汇演……整个过程以阅读为线，以教育戏剧为珠，以线串珠，形成了一个精美、深度且完整的阅读体验环。

其中涉及的教育戏剧活动，我们更能发现学生在阅读中的成长——在剧本创作中，我们能感受学生对于江姐受刑的不忍，江姐那血肉模糊的身躯融在字里行间；在角色选拔中，我们可以感受到不同的"成岗"在高读《我的自白书》时的铿锵有力；在英雄嘉奖视频录制和英雄族谱的创作中，我们可以感受到学生在用"感动中国"的颁奖方式，去欣赏每个具有"红岩"精神的英雄……

你看！教育戏剧，伟大的配角——在于它应用场景的多变，受众的广泛，每个学生都能在合适的戏剧活动中找到自己的擅长之处。这就是传统的整本书阅读所不能及的，课堂不再单一，每个学生都拥有展示的"小舞台"。

2. 活动展演——教育戏剧自带高度课程融合基因

教育戏剧的伟大之处还在于，它对各类活动的高融合度。

2021学年，恰逢建党100周年，围绕体育节、艺术节、读书节的学校活动可少不了戏剧的身影。如果单纯把正宗的戏剧演出作为教育戏剧的标准，未免太过于狭隘。

从体育节《海的女儿》衍生出来的情景舞蹈表演到完成《海的女儿》的戏剧演出，从《长恨歌》叙事诗阅读到《君臣博弈》完整戏剧的演出。我们能看到，教育戏剧的常见融合，就是阅读。

在班级文化形成的过程中，都少不了主题班会。从刘青老师"好好说话"的主题班会中，我们便能得知，说教的方式是低端的教育方法，而利用实际情境的教育戏剧形式，使学生在演绎的过程中，尤其是存在问题的同学，自己用心体会和反思的过程，自我感悟和内化，才是内心规矩形成的高形式。当然，科学课有科学小剧，数学课有数学戏剧，英语绘本剧的演绎更是应用广泛。教育戏剧，使不同学科的教学资源被不断地开发运用，教育戏剧法俨然已成为学生们喜闻乐见的教学形式。

在庆祝中国共产党建党100周年之际，社会、学校各项活动应运而生。值得关注的是，在学校的读书节、儿童节中几乎也是围绕着本主题进行的。

我们学校读书节的开幕式，不约而同地使用了上学期的整本书阅读戏剧展演。

其中六年级表演的《园子》就综合《祖父的园子》《红楼梦》的大观园等园子，述说了中国人的文字记忆中，那些或温暖或冷清，或和谐或争吵的园子，用戏剧的形式对学生的高阶阅读起到升华的作用。而五年级的《君臣博弈》长恨歌，更是将冗长的叙事长诗与大唐的历史、人文、地理等风情相融合，压缩成12分钟的短剧，安禄山打入潼关的一刻，杨贵妃扬起白绫自绝的一刻，白居易重游故地吟诗的一刻，不管台上台下，所有人都被牢牢地吸引，遥远的大唐仿佛近在眼前……

再到读书节的闭幕式——"忆百年征程，立少年之志"，小学部的各个年级、社团、老师、同学们均以不同形式为党庆祝。以建党百年的历史征程为主线，分别讲述1921年、1978年、2012年和2021年"中国梦"四个节点的历史故事。这次读书庆典，更是建党百年的鲜活剧场。其中，第一篇章"开天辟地"由戏剧社的戏剧演出《歌唱二小放牛郎》和五年级的情景歌舞朗诵《红岩》进行展示；从第四篇章"惊天动地"中六年级演绎的《国旗的故事》就能看到教育戏剧的身影。他们用音乐和道具，快速切换不同的时代背景，各种角色出演，用饱含感情的台词一句句念出来了"严刑拷打算得了什么！"……歌舞、朗诵的穿插融合，使得教育戏剧的展示形式更加灵活。

党，曾经对学校的学生来说仿佛很远很远，而通过教育戏剧的高度融合，为均在千禧年诞生的学生们，上了一节生动的党课，那是一种视听享受，更是一种心灵的震撼！

不管什么活动，你都能感受到教育戏剧的魅力，而这就是教育戏剧自带的优势。

3. 校级戏剧社——教育戏剧分层教学的塔尖

上文提到了戏剧社，我校戏剧社虽成立短短一年，但已获得不少市级奖项。而校级戏剧社作为教育戏剧教学的"眼神"，是塔尖般的存在，是验证教育戏剧普化培养成果的金标准。自下而上的选拔，是成员诞生的方式，从师荐改为自荐，尊重学生的意愿，也检验学生的热情。戏剧社成员的培养成为教学活动的常态。戏剧社常规成员及阶段参演成员的定时淘汰制，使教育戏剧走向校级教学的高标准。

戏剧社成员少，从表面看这违背了"全课程"的学生受教育的平等。事实是这样吗？不然，教育戏剧教学方法作为"伟大的配角"存在于日常教学的每个阶段，而"伟大的配角"的前面还有半句——"重要的主角"。是的，戏剧社如同撒网后的收网，我们从众多学生中寻找对戏剧有兴趣、有意愿的同学进行深入学习，为其提供更宽广的舞台。

作为拥有众多社团的学校，很多报名的学生因为时间冲突退出了选拔；也有高年级同学曾泪眼婆娑地向老师倾诉排练时间太长，没办法完成基础学习；更有因阶段选拔落选的同学参加二次选拔……林林总总，戏剧社成为教育戏剧实践中最具戏剧色彩的一环，在这里，充满抉择、悲喜交加，也正是这真实残酷的环境锻炼了学生的意志。

与其说，戏剧社的成立是为了更专业的戏剧学习，升华教育戏剧常规学习，还不如说戏剧社利用教育戏剧的方法构建了更真实的社会环境，学生们的坚强意志不仅仅在体育锻炼中得到磨炼，也在这种常态化的选拔、备赛、日常训练中得到磨炼。

我想"重要的主角，伟大的配角"这句流行的话，还可以换一种说法——"伟大的配角，重要的主角"。

教育戏剧，让学生拥有了更多样化的舞台，这是"伟大的配角"；而教育戏剧，更是激化了学生追求完美的自己的内动力，成就人生旅途中更"重要的主角"。

教育戏剧，我们已经播下一颗种子，我们共同期待大树参天的那一刻！[1]

---

[1] 以上由东莞外国语学校小学部杜佩珊老师撰写。

第二章

智趣数学课堂教学新样态

　　跨学科教学已经成为教育教学改革的热点和焦点。但是数学学科与语文学科最大的不同是，数学学科本身具有严密的逻辑性和系统性，要打破数学学科的这种性质开展跨学科教学有一定的局限性。但是数学学科可以怎样开展既有数学学科特点，又能突破学科壁垒的教学呢？我们数学科组开展了积极的探索，并提供了积极有效的教学研究路径：小学数学文化的引入、小学数学魔术的融合、基于项目式学习的小学数学课堂以及动手做数学等智趣数学课堂。以下是我们这几年在数学教学中的探索成果。

第一节 小学数学文化课堂的
教学建构及实践 [①]

长时间以来，我们的数学教学注重数学知识的学习及技能的训练，过分强调数学的工具性作用，而忽视了数学所具有的人文性，数学教学显得如此的"与世格格不入"，导致数学教学的文化缺失，使学生缺乏对数学的了解，缺少学习数学的内在动力，淡化了学生终身学习所需的知识储备。缺乏了数学文化，会影响学生的全面发展和可持续发展。为此，几年来，我们围绕数学文化的发掘及其教学开展了积极的探究，建构了小学数学文化课堂教学的基本模式，实现了"文化课堂、魅力教师"的共同愿景。

一、数学文化内涵的基本解读

什么是数学文化，"简单地说，数学文化是指数学的思想、精神、方法、观点以及它们的形成和发展；广泛一些说，除上述内涵外，还包含数学家、数学史、数学美、数学教育、数学发展中的人文成分、数学与社会的关系、数学与各种文化的关系等" [②]。

二、数学文化教学内容的梳理

小学数学文化包含显性文化和隐性文化，我们的研究就立足于这两个方面。

---

① 本章节由东莞外国语学校小学部王金发老师撰写。

② 张维忠. 数学教育中的数学文化 ［M］. 上海：上海教育出版社，2011.

（一）显性文化

显性文化在小学教材中以"你知道吗""数学游戏""数学阅读"等专题栏目呈现，内容包括数学背景知识、数学发展史、数学家的故事、数学趣闻以及数学知识的应用等。

（二）隐性文化

"数学文化"在小学数学教材中更重要的是，在教学中体现出的数学探究精神以及思想方法，它们是小学"数学文化"的支柱，更应该引起重视。《义务教育教学课程标准（2021年版）》提出了数学"基本思想"，根据史宁中教授的研究，数学基本思想主要有三个方面的内容：数学抽象的思想，数学推理的思想，数学建模的思想。这应该是隐性文化探究的重要内容。

三、数学文化课堂教学建构及实践

经过多年的教学实践与探究，我们初步把数学文化课堂的教学新样态分为五种基本类型，即数学文化渗透课、数学文化发掘课、数学文化整合课、数学文化主题课、数学文化拓展课，并开展教学实践。

（一）数学文化渗透课

有些教学内容，对于数学文化的感悟、认知并不明显。对此，我们可以采取"渗透"的方法，在教学需要处展示，在教学恰当处凸显，使学生深刻感受数学文化的魅力。

这种类型的课堂教学主要是结合教材内容在适当环节渗透数学文化，可分为课前激趣、课中凸显、课尾拓展，有时这三个环节兼而有之。

1. 课前激趣

例如，教学《可能性》一课，我们利用关于"生死阄"的故事引入教学，设置教学悬念。

2. 课中凸显

例如，教学《正比例应用题》，我们可以引入古希腊数学家泰勒斯巧测金字塔高度的故事，增加解题的趣味性和文化性。

3. 课尾拓展

例如，教学完《质数和合数》，我们可以引入陈景润与哥德巴赫猜想的故事，让学生在故事中感受陈景润的探究精神。

（二）数学文化发掘课

要让学生真切地感受到数学文化以及数学文化所带来的身心感悟，是需要教师下一番功夫的。教师对此要有足够的认识，并做好精心设计，引领学生参与学习体验。数学文化发掘课简单地说，可以分为显性文化的发掘和隐性文化的发掘，这两者有时也在同一个课例中同时出现。

1. 显性文化的发掘

显性文化可以结合教材中的"你知道吗"专题栏目，有时可以根据教学内容寻找数学家的故事、数学发展趣事等，如教学完分数的意义后，我就给学生讲苏格拉底测试学生的故事——这个湖有多少桶水。在讲述过程中，我刻意留出时间，让学生先讨论，然后才揭示答案，让学生既应用了刚学的知识，又深受启发。

2. 隐性文化的发掘

隐性文化大多是指数学思想方法，对于数学思想方法的发掘，我们要做好精心的设计，让学生体会其中的奥妙与文化。下面以《分数除以整数》的教学为例。

（1）出示例题，提出问题。

把一张纸的4/5平均分成2份，每份是多少？

（2）引导探究，反馈策略。

方法一：根据题意折纸或者画图表示。（图略）

方法二：利用分数单位思考，把4/5平均分成2份，就是把4个1/5平均分成2份，每份是2个1/5，就是2/5。

方法三：根据算式的意义思考，$4/5 \div 2$表示把4/5平均分成2份，其中的一份是多少？$4/5 \div 2 = 4/5 \times 1/2 = 2/5$。

方法四：转化成小数，$4/5 \div 2 = 0.8 \div 2 = 0.4$。

（3）归纳对比。

同学们经过探究，找到了四种不同的方法，大家想想，你认为哪一种方法好？为什么？

（4）自主体验优化。

① 6/100÷2，你准备怎么做？试一试。

② 10/11÷5，又怎么做呢？

③ 7/12÷4，它该用什么方法？

（5）讨论心得：在练习中你们发现了怎样的情况？哪一种方法比较适用？具有普遍性？

学生经过这样的做题训练，都一致认为第三种方法比较具有普遍性，值得大家共同掌握。这时我抓住时机，立即对这种方法进行了归纳、强化。

（三）数学文化整合课

有些内容体现的数学文化相对比较分散，单独讲授缺乏震撼力、感染力。这样的内容我们就采用整合课进行讲解，如我的课例《魅力无穷的圆》，就是整合《圆》整个单元的相关内容和知识的一节研讨课。

（四）数学文化主题课

数学文化主题课的特点是，对于所教学的内容体现数学文化核心内容比较集中，是针对某一个知识点或者某一个专题开展的探究。主要分为以下两类。

1. 新知探究课

新知探究课比较集中于我们的新知探究，如平行四边形面积的公式推导，探究算法多样化后的优化等。

2. 专题研讨课

专题研讨课是结合某个有趣的、具有启发性的专题开展教学的，如《神奇的莫比乌斯带》教学就是一个生动的案例。

（五）数学文化拓展课

数学文化拓展课是基于教材的知识体系和学生已有的知识、经验的拓展。经过几年的实践，我们在以下三个方面进行了实践探究。

1. 围绕教材内容，适度拓展

教材中有不少内容在学习完后，学生会感觉意犹未尽，还有不少知识值得我们引导学生进行深入探究。因此，我们可以结合学生实际和教材内容需要进行适度拓展，使学生的学习视野更加开阔，学习劲头更充足。

2. 用活开放题，激活思考

教材中，有不少开放题，我们可以把它当成文化拓展课的重要内容，如学习完计算长方形和正方形的周长、面积后，我们发现教材中有相应的开放性习题，即周长固定的情况下，如周长是20厘米，长方形的长和宽会是什么样的情况？它在哪一种情况下面积最大？围绕这个内容，我们就可以开展一节内容丰富、探究深刻的教学文化拓展课。

3. 用活"你知道吗"等栏目

人教版小学数学教材中，安排了"你知道吗""数学阅读""数学游戏"等栏目专题，其中的材料以拓展学生的知识面为主，着重加强数学文化和人文精神的启蒙和熏陶，具有积极的教育意义，如铺地锦、数字黑洞、完全数、哥德巴赫猜想、黄金分割、莫比乌斯带等都是很好的教学素材，我们可以把它进行整合、拓展，设计成数学文化拓展课。

第二节 小学数学魔术的开发与教学实践①

一、为什么要开展小学数学魔术的开发与教学

（一）数学魔术是发现、感受"冷而严肃的数学美"的有效路径

数学是一门充满美感的学科，数学的学习应该是充满挑战和乐趣的。但数学的美是"冷而严肃的美"，学生想要发现数学的美并感受到数学学习的趣味性和挑战性并不容易。如今的现实情况是，很多学生在小学阶段就开始"拒绝"数学，其中一个原因是，数学教师在教学中只呈现了数学高度"概括"和"抽象"的一面，忽视了探索的过程。而数学魔术呈现出的神奇效果以及探究过程，激发了学生的好奇心，使学生的学习卷入度和参与度都非常高。同时，一位会表演数学魔术的教师定然自带光芒，能让学生更多地感受到数学的魅力。学生在学习数学魔术的过程中有了积极的情绪体验之后，才能学会用数学的眼光去观察数学魔术表演，学会用数学的思维去探究数学魔术背后的奥秘，这是数学魔术真正产生价值的地方。

（二）数学魔术发展学生的数学思维能力，培育数学关键能力

数学魔术教的不是魔术手法、应用心理，而是在教学中融入魔术的数学思维和思想。数学魔术的开发是把数学中"变中有不变"规律的知识融入魔术中，数学魔术的背后是数学的原理和思想方法。由于数学魔术更聚焦神秘

---

① 本章节由东莞外国语学校小学部王金发老师撰写，本文以《小学数学魔术的开发与教学》为题发表于2020年12月《广东教学报》。

魔术背后的数学原理探寻，所以它更直接指向数学教学的核心——数学关键能力，因此数学能力有利于数学关键能力的培育，提升学生数学核心素养。

（三）数学魔术的开发与教学是建设数学拓展课程的需要

小学数学魔术课程作为数学学科的拓展课程，以大量的引人入胜的数学魔术为素材，进行数学教学开发，但又不限于像这样零散的知识点式的简单叠加，而是充分考虑了小学数学课程与教学体系，以小学数学魔术为线索，从数学教学的多个方面对魔术素材进行了适合学生学习的课程教学的开发与实施。

（四）国内小学阶段关于数学魔术的开发及教学的研究较少

关于数学的魔术有很多，但是基于小学数学的魔术开发较少；同时这些数学魔术所蕴含的数学知识比较零散。而在小学阶段进行的数学魔术教学研究的就更少了。在百度以"小学数学魔术""开发及教学"两个词条进行搜索，可以找到直接相关的文章12篇，但多数是"案例""教学设计"等，作为课题进行专门研究的文章几乎为零。

二、如何开展小学数学魔术的开发与教学

（一）核心概念解读

"数学魔术，是运用数学原理设计的魔术，它既蕴含数学的智慧，又体现魔术的乐趣。"其中数学原理主要是指"数学的规律性知识"。数学中的规律通常表现为"运动与变化中的不变因素"。在数学中，这种"变中的不变"往往被认为是重要的，因为这样的不变因素可以把握变化的状态，具有"预见"的作用。因此，小学数学魔术多属于魔术中的"预言魔术"。

（二）研究内容梳理

研究内容包括小学数学魔术的开发与教学实践，其中开发是前提，需要整合数学原理和魔术的资源；小学数学魔术的教学是重点，在教学的过程中提炼教学设计、教学策略。两者又相辅相成，通过教学实践又能更好促进数学魔术的开发。

（1）小学数学魔术的开发。

（2）小学数学魔术教学设计研究。

（3）小学数学魔术教学模式研究。

（4）小学数学魔术教学评价研究。

（三）研究目标确定

（1）梳理人教版小学数学教材中，适宜融入数学魔术开发的素材，为数学魔术开发提供依据。

（2）通过开发小学数学教学的数学魔术，形成小学数学魔术的案例集。

（3）通过教学实践，构建小学数学魔术教学模式与评价体系。

（4）在数学魔术教学的过程中，激发学生学习数学的兴趣，发展学生的数学思维，培育学生的数学关键能力，提升核心素养。

（5）以课题反哺教师专业成长，促进教师成为"有魅力"的数学教师，达到教学相长的目的。

（四）课题实践研究

1. 明确了小学数学魔术的开发策略——"1、2、3、4、10"路径

（1）紧紧抓住一个规律：数学魔术开发紧紧抓住数学"运动与变化中的不变因素"的规律。

（2）做好两个方面的融合：用魔术包装数学，同时回归数学，从魔术的视角学习数学。

（3）凸显三个特点：数学魔术开发首先是数学的，然后才是魔术的。同时，针对小学生与小学数学，具有"数学味、魔术味、针对性"。

（4）实施"四维十项围城"开发策略：开发立足"激趣、补充、拓展、深化"四项要素；同时从十个方面开展数学魔术创编、改编，包括应用数学思想方法，发现道具的秘密，结合数学知识改编，整合数学知识改编，魔幻方程的秘密，奇妙的剪纸魔术，寻找数学规律改编，诡异的心灵魔术，引导深度观察，巧用魔术表演技巧。

2. 开拓了小学数学魔术教学的基本路径——"4、6"路径

（1）数学魔术教学突破四个瓶颈：改变数学枯燥乏味的窘境，营造深度有趣的课堂氛围，激发学生学习数学的热情，提升教师的个人教学魅力。

（2）开展六步螺旋式上升教学模式：魔术表演—魔术思考—魔术揭秘—

学变魔术—改编魔术—魔术展演。构建从学习到模仿，再到魔术创编，最后灵活应用的螺旋式上升教学模式。

3. 构建了小学数学魔术课程的评价体系——5个维度的教学评价

开展5个维度的教学评价，即在学生层面开展了数学魔术学习过程评价、依据SOLO分类理论提出的学习水平层次描述评价，以及学生的魔术段级考核，教师及课程教学开展了教师教学满意度调查、课程实施满意度调查。

（1）小学数学魔术学习过程评价。

我们注重学生参与过程的评价，从活动参与热情，探究过程表现，理解掌握程度，创编、创新魔术等方面进行评价，并制定了评价量表，以此促进学生积极、有效地参与（表2-2-1）。

表2-2-1　小学数学魔术学习过程评价量表

评价项目	评价指标（星级评价1～5星）	自评	组评
活动参与热情	是否积极参与活动探究，优秀4～5，良好3～4，一般1～2		
探究过程表现	认真观察，积极思考，动手操作，与人合作，优秀4～5，良好3～4，一般1～2		
理解掌握程度	理解数学魔术的原理，能自己表演魔术，优秀4～5，良好3～4，一般1～2		
创编、创新魔术	能根据实际创编或创新魔术，并会表演，优秀4～5，良好3～4，一般1～2		
综合评定			

（2）小学数学魔术学习思维水平层次评价。

结合SOLO分类理论对学生在数学魔术学习中思维能力的不同水平层次，进行区分并描述，构建了评价框架（表2-2-2）。

表2-2-2　小学数学魔术学习思维水平层次评价量表

水平层次	内容要素	赋分
水平0	学生没有意识到魔术跟数学有关，认为表演者有"魔法"或者是"运气"	0
水平1	学生能理解到魔术背后隐藏着数学知识，但是不能用语言清晰、准确地表达	1

续 表

水平层次	内容要素	赋分
水平2	学生能用语言清晰、准确地表达魔术背后隐藏着的数学知识，但他们通常只能从一个方面片面地表达自己的想法，缺乏关联性	2
水平3	学生能从不同的方面表达魔术背后隐藏着的数学知识，但不具有一般性，大多数情况下，都是基于特例，不能概括出一般性的规律	3
水平4	学生能用语言概括出魔术背后隐藏着的数学规律，而且能够找到依据证明自己的观点是正确的	4

（3）开展"小小数学魔术师"段级考核（表2-2-3）。

表2-2-3　"小小数学魔术师"段级考核

段级	考核目标	考核内容（选项中选择4个内容）
1	1.有初步的数学魔术意识。 2.会表演简单的数学魔术。	魔术1《巧用排除法》。魔术2《火眼金睛》。魔术3《魔法骰子（一）》。魔术4《魔法骰子（二）》。魔术5《加减魔法》。
2	1.有比较清晰的数学魔术意识。 2.会简单的数学魔术表演，能改编比较简单的数学魔术。	魔术1《魔法骰子（一）》。魔术2《魔法骰子（二）》。魔术3《神奇的四则运算》。魔术4《猜出生月份》。魔术5《听话的扑克牌》。
3	1.有清晰的数学魔术意识。 2.会进行数学魔术表演，表演比较精彩，有一定的观赏性，能改编一些数学魔术。	魔术1《神奇的四则运算》。魔术2《猜出生月份》。魔术3《小鬼当家》。魔术4《魔幻表格》。魔术5《猜生日》。
4	1.对于数学魔术，有清晰的认知。 2.能够比较熟练地进行魔术表演，能调动观众参与的热情，会改编一些较为复杂的数学魔术。	魔术1《魔幻表格》。魔术2《猜生日》。魔术3《盖住的是什么》。魔术4《奇数和偶数的秘密》。魔术5《魔幻方程》。
5	1.有清晰的数学魔术的意识和眼光。 2.能熟练地表演比较复杂的数学魔术，能够调动观众积极参与的热情，会改编较多的、较复杂的数学魔术。	魔术1《奇数和偶数的秘密》。魔术2《魔幻方程》。魔术3《无法想象的剪纸洞》。魔术4《神奇的三堆牌》。魔术5《红与黑之谜》。

（4）教师教学满意度调查（表2-2-4）。

表2-2-4　"小学数学魔术"校本课程教师课堂教学评价调查表

项目描述	很不符合	不符合	有点符合	比较符合	非常符合
老师能够做充分的课前教学准备					
老师很乐于听取我们的意见					
老师会经常鼓励我们					
老师会教我们怎样开展探究					
老师会教我们怎样开展合作学习					
我们犯错时，老师会耐心教育、引导					
我们很喜欢老师上课					
我们很喜欢这个课程					

（5）课程实施满意度调查。

"小学数学魔术"校本课程质量调查问卷

亲爱的同学，你好！一个学期即将过去了，你对我们的课程有什么想法？请你如实告诉我们。我们将根据你的意见改进课程质量。

1.你喜欢课程中的哪一个部分？（　　）

（1）老师讲授　　　　　（2）师生互动　　　　　（3）小组合作

2.你喜欢教学中的哪一种方法？（　　）

（1）老师教　　　　　（2）自己学　　　　　（3）合作学

3.通过本课程的学习，你是否提升了自己的数学学习兴趣？（　　）

（1）是　　　　　（2）否

4.通过本课程的学习，你是否拓宽了数学学习视野？（　　）

（1）是　　　　　（2）否

5.通过本课程的学习，你是否培养了创新意识和创新思维？（　　）

（1）是　　　　　（2）否

6.你喜欢这个课程吗？（　　）

（1）不喜欢　　　　　（2）有点喜欢　　　　　（3）很喜欢

《小学数学魔术的开发与教学》校本课程开发了48个小学数学魔术，建构了数学魔术"六步螺旋式上升"教学模式，从五个维度开展教学评价，同时从更上位的视角明确了教育价值、课程目标，系统地建构了指向数学关键能力（①抽象性：抽象概括能力、图形表征能力。②严谨性：运算推演能力、想象验证能力。③应用性：问题解决能力、数据分析能力）的"三环互动"教学课程体系，使培养学生的数学关键能力得到进一步夯实。

同时，编著《魔术，改变数学——小学数学魔术的开发与教学》一书，2020年由东北师范大学出版社出版，成为国内最先出版的小学数学魔术专著，著名教育家李振村教授等为新书写序。王金发、李晟、梁晓莹、钟佩德、梁银珊、张燕霞、吴曼生这7位老师的数学魔术专题论文、案例于2020年1月发表于《广东教学报》，研究成果辐射广东11市（东莞、深圳、广州、佛山、江门、韶关、肇庆、河源、潮州、惠州、茂名）以及安徽（阜阳）、云南（昭通）、广西（玉林）、福建（龙岩）、浙江（宁波）等地，受众师生万余，得到师生、专家的一致好评。《中国教育报》等十余家媒体报道相关活动成果。2021年《小学教学研究期刊》对《魔术，改变数学——小学数学魔术的研发与教学》新书进行了推介，获广泛认同。

第三节　动手做数学的课堂教学实践探究①

机械说教、重复练习等教学模式仍然被普遍应用在数学教学中。长期在这种教学模式下学习，部分学生的学习能力和学习热情在小学阶段就已经被消磨殆尽。作为小学教师，我们有责任保护学生的好奇心和求知欲，引导学生真正地感知知识产生和发展的过程，所以我做了一件有点意思的事情——和学生一起"做数学"。

蒙台梭利说："我听过了，我就忘了；我看见了，我就记得了；我做过了，我就理解了。"这里的"做"不是简单机械地背诵概念和书写练习，而是基于动脑思考和动手操作的科学探究。学生在"发现""探索""体验""创新"等过程中，自主地建构科学概念和认知模型，逐步地形成良好的学科素养。结合教学实践，我总结提炼了以下几种"做数学"的基本实践路径。

一、在做中发现

在实际教学中，教师容易被教学评价、教学时间等因素所局限，变得善于为学生"铺路"。沿着教师精心设计好的路走，肯定会走着轻松、走得快速，但这一路上学生都是在接收"被动的发现"，缺乏求真探索的驱动力。我们"做数学"就是要让学生在学习中质疑、提问、主动发现知识。

---

① 本章节由东莞外国语学校小学部梁银珊老师撰写，本文以《"做"数学，实现对数学的再"认知"》发表于《中小学数学》2021年第9期。

例如，在学习一年级的"认识时钟"时，我和学生一起做时钟（图2-3-1）。做时钟之前，我先让学生说一说生活中时钟的特征和关于时钟的疑问，明确时钟的特征和答疑解惑之后，放手让学生动手制作。在制作过程中，每位学生都会回忆时钟的特征、规划制作步骤，从画一个大表盘到标记刻度，再到画分针和时针，最后固定两针位置，每一步的操作都是学生对时钟特征理解后的呈现。在做时钟的过程中，学生不仅再次认识时钟的特征，还发现了每个刻度之间的间隔都相等的特征，为了使自己的时针刻度更加精准，还想出对折平均分的方法。"发现"就在每一步的操作中悄悄发生的。

图2-3-1　学生制作的钟表

到了二年级学习"认识时间"时，我们仍然可以对之前制作的时钟拨一拨，认一认时间，做到了活动的延续性。其间学生们还设计了"我的一天时间管理表"（图2-3-2），学习时间不仅需要会认"几时几分"，更需要发现时间就在身边，设计时间管理表可以推动学生逐步养成珍惜时间、合理安排时间的好习惯。教师还会鼓励学生按照时间管理表进行打卡活动，感知时间管理的合理性和重要性。行是知的开端，也是创造的基础，只有身临其境，动手操作才能够发现其中的奥秘。

图2-3-2　学生制作的时间表

二、在做中探索

探索是学习中不可或缺的重要环节，在"做数学"的活动中，我更提倡孩子用双手去操作、感知和探索。苏霍姆林斯基曾有过一段精彩的论述："人的手可以做到几十亿种动作，它是意识的伟大的培育者，是智慧的创造者。在人的大脑里，有些特殊的、积极的、富有创造性的区域，依靠把抽象思维跟双手的精细的、灵巧的动作结合起来，就能激发这些区域积极活跃起来。"

在学习一年级的"认识图形（一）"时，我和学生们一起做立体图形的脚印。使用教具盒中的正方体、长方体、圆柱体、球体（图2-3-3），在超轻黏土或橡皮泥上印出这些立体图形各个面的图形。经过摸一摸、数一数、印一印、描一描这一系列动手操作后，学生能够厘清各个立体图形分别有几个面，能够认知每个立体图形的外部结构，能够观察到每个面的形状。通过探索"脚印"的特征，从而得知各个立体图形的特征。知识就是这样通过双手的探索，在脑海里产生了深刻的印象（图2-3-4）。

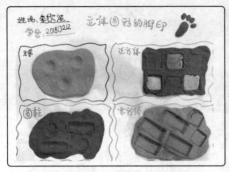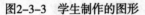

图2-3-3 学生制作的图形　　　　图2-3-4 学生动手制作图形

在学习二年级的"认识图形（二）"时，学生们接触了七巧板，知道好玩的七巧板能够拼出各种各样的图案。秉着"知其然知其所以然"的学习精神，我们除了和学生一起拼图案，还应该了解七巧板的相关历史，并举行了自制七巧板活动。在制作的过程中，学生们主动深入探究七巧板的特征，动脑思考怎样把一个正方形划分成七巧板的七块图形。通过观察、折叠、划分等尝试，学生们自主探究出"正方形对折后可以分成两个三角形""大三角形对折后可以分成两个小三角形"等图形之间的关系。"做数学"不应只关注最后的作品成果，更应该关注学生在这一过程中的想法、创意和探究精神。

三、在做中体验

社会信息化发展一日千里，但我们的教材更新速度却没有赶上信息化的脚步。部分学生在学习"认识人民币"的时候会感到陌生和困难，原因主要有两个：第一，学生从来没有用纸币购物的经历；第二，现今生活中网络支付已经大范围普及。为了让学生能够深入了解人民币的作用，我们开展了购物小日记活动，让学生亲身体验用纸币购物的快乐（图2-3-5）。在购物小日记里，学生们运用"人民币"和"加减法"的知识，解决了生活中的实际购物问题。"做数学"就是为了让学生体验生活中处处有数学，体会到学好数学给生活带来的便利性和重要性。

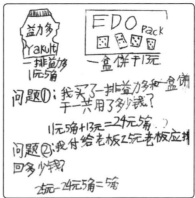

图2-3-5　买东西

四、在做中创新

数学里不只有枯燥乏味的数字和算式，数学源于生活，生活中数学处处都隐藏着数学美。学习"图形的运动（一）"时，我设计了一个帮助娜娜姐姐设计地砖的小活动，学生们发挥想象力，通过平移、旋转、轴对称等变换设计出各种各样漂亮的地砖（图2-3-6）。学生们的创意往往都令人为之感叹。

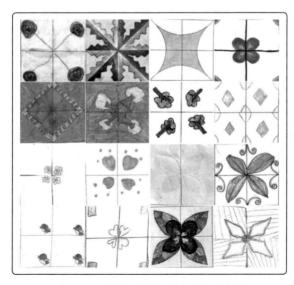

图2-3-6　设计地砖的小活动学生作品

我们还善于用数学知识创作数学游戏（图2-3-7），如学习"乘法口诀"后，我们用扑克牌玩"乘法口诀对对碰"游戏。累计学习了一些单位换算后，我们玩"数学魔法牌"游戏。"数学魔法牌"是这样玩的：魔法牌中有一张女巫牌和偶数张普通牌，每张普通牌上都写着数量和单位，而且普通牌是一式两份的。分牌后，手中牌少的一方先抽对

图2-3-7　用数学知识创作数学游戏

方的牌，如果抽到女巫牌，则不能出牌；如果抽到普通牌，则双方都要把手中与这张普通牌牌面相等的牌打出。例如，抽到的牌上写着"1米"，那么双方就要把手中写着"1米"和"100厘米"的牌都打出。轮流抽牌、出牌后，最快把手中的牌出完的一方就是胜方。在游戏里我们既可以复习知识，也可以发现数学的乐趣。学生纷纷表示"很喜欢这样的数学游戏"，还有些学生说："难度不够，我还要给游戏升级。"学生往往能在数学游戏中玩出新想法，创出新玩法。

每个单元整理复习后，我会鼓励学生创作数学小故事，令我惊喜的是孩子们都很善于观察生活，敢于创作（图2-3-8）。学生们的小故事中有融入家庭小趣事的，有讲述日常购物情景的……寒假期间，炜婷同学把自己和家人购买年货的省钱经历编写成一个数学小故事，故事里她用已学的数学知识成功地解决了生活中的购物问题。实现了把数学知识从书本带到现实，体现了数学知识给生活带来的便利，每篇小故事都灵活应用了数学知识并充满了个人创意。我认为每个创作都应该被重视，让每个学生都有无限的可能，所以每篇数学小故事都会被收录在班级的《数学小故事》中。每个学生捧着班级的《数学小故事》，读着其他同学的作品，嘴角都会不自觉地上扬。我想"做数学"的使命就是让学生们一起进步，一起爱上学习吧！

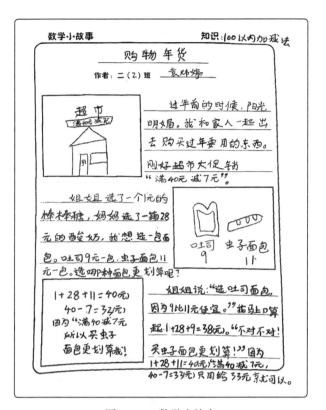

图2-3-8 数学小故事

数学源于生活又超越生活，所以数学概念往往是抽象的、理想化的。"做数学"主要以活动的形式，让学生在认识数学知识后，通过"运用""感知""创造"到达"再认识"的过程。在"做数学"中学生既学习了数学知识，培养了数学思维，锻炼了动手能力，又了解了数学产生的重要性，体验了数学发展的过程。"做数学"的初衷是给本来枯燥单一的数学学习注入新血液，使学生越来越爱学习数学。

第四节　基于项目式学习的小学数学课堂

项目式学习，是模拟现实世界中专业人员的工作方式，学习者以行动的形式参与承载学习内容的项目，经历计划与实施的探究过程，解决特定主题的问题，从而对知识进行深层次理解，综合培养各种能力的一种学习方式。这种学习方式已经逐渐走入中小学课堂。在小学数学学习中，又应该如何开展项目式学习呢？请看钟佩德、何慧敏老师的教学实践。钟佩德老师在开展项目式学习过程中，遇到的最核心的问题是：如何设计核心任务推动项目式学习的开展。何慧敏老师从项目式学习多元评价体系建构与运用角度对这一问题进行诠释。各有所侧重，却都指向项目式学习的开展。

案例一：小学数学项目化学习的核心任务设计[①]

——以"如何成为金牌收银员"为例

小学数学"品质课堂"的价值追求要求以"素养立意"评价学生，其中包括要求学生必须具备搜集处理信息、自主获取知识、分析与解决问题、交流与合作等各方面的能力，鼓励学生构建自己的答案。项目化学习正是培养这些学习素养的一种重要手段。它通过真实的问题，驱动学生自主解决问题、构建自己的答案。但是，如何让学生在项目化学习中得到高质量的锻炼和培育，还需要对核心任务进行设计。

本文将以一年级数学项目化学习"如何成为金牌收银员"为例，从前期

[①] 本章节由东莞外国语学校小学部钟佩德老师撰写，本文于2021年10月发表在《广东教学报》。

的准备、任务的设计和后期的调整三个方面来谈谈小学数学项目化学习核心任务的设计。

（一）前期的准备

1. 学生提出问题

提出问题是重要的学习素养。《认识人民币》这一单元的知识比较零散，电子支付使学生缺乏使用现金的经验。如何用一个问题囊括所有知识？本质问题的难度该从何起步？从学生那里获得驱动问题的雏形，是解决这些问题的法宝。在设计前，教师对一年级两百多名学生进行了"关于人民币，你有什么疑问？"的问卷调查，并对这些问题进行分类和整理。最终选择了"如何找零钱？"这一问题。这个问题既来源于学生真实的疑惑，也涵盖了教材中认钱、换钱、算钱等知识，而且找零钱的方法是多样的、复杂的，非常适合项目化学习。

2. 设计驱动问题

"如何找零钱？"这一问题虽然涵盖了《认识人民币》这一单元的知识，也具有挑战性，但缺乏趣味性，难以驱动学生内在的学习动力。在排除了该类活动与学校读书节、跳蚤市场等活动结合（价格不可控，且货币面值与人民币差异较大）和做售票员（电子支付居多）的可行性后，教师创设了这样的情境：通过模拟的买卖活动，为学校将要举行的美食节选出金牌收银员，并将主驱动问题定为"如何成为金牌收银员"。

选择此问题，是基于三个方面的考虑：第一，学生感兴趣。一年级的学生都希望自己能成为美食节中的收银员。第二，与本质问题关联。收银员的主要任务就是要找零钱。第三，必要性。在以往的美食节中，因低年段的学生缺乏在实际应用中找零钱的经验，往往变成家长代劳，使活动的意义大减。

"驱动性问题"是整个项目化学习的"灵魂"。"好的驱动性问题一方面能引发高阶思维，另一方面能提供问题化的组织结构，为信息和内容提供有意义的目的。"[1]因此，驱动性问题确定后，核心任务的设计便是水到渠成的。

---

① 夏雪梅. 项目化学习设计：学习素养视角下的国际与本土实践［M］. 北京：教育科学出版社，2008.

3. 前测发现问题

学生的前测揭露了教师参考用书和教材中一些不准确和不合理的地方。

（1）学生不熟悉小面额。

教师参考用书中指出"从学生最熟悉的小面额人民币开始学习，更贴近学生的生活经验，便于学生掌握"。但前测的结果显示，本校的学生普遍对1元及以上的人民币更熟悉，大部分学生不认识1元以下的人民币。本案例依旧让学生从小面额人民币开始学习，但出发点与教材有所不同。

（2）涉及下一单元知识。

虽然教材"简单的计算"这一课时中的计算全部编排为20以内的计算，但在"人民币的换算"（如因为20+20+20+20+20=100，所以100元可以换5张20元）、"摆钱"（58元=50元+5元+1元+1元+1元）和"猜一猜：篮球的价钱是多少？"的提高题中，均涉及100以内的计算。然而教材却把《人民币的认识》安排在《100以内的加法和减法（一）》之前，这大大增加了学生在运用人民币时的难度。

因此，我们在教学上调整了学习的顺序，先进行了100以内计算的教学，再进行项目化学习。

（二）核心任务的设计

要学生经历高质量的项目化学习，一方面要在核心任务中设计高阶认知策略，注重高阶认知策略和低阶认知策略的搭配。根据马扎诺的学习维度框架，"高阶策略包括了六个方面：问题解决、创见、决策、实验、调研和系统分析"[1]。另一方面，核心任务要通过有趣的设计、与学生亲和的方式驱动学生投入活动。

下面根据认知策略的高低和驱动性的强弱分析本案例的四个核心任务设计（表2-4-1）。

---

[1] 夏雪梅. 项目化学习设计：学习素养视角下的国际与本土实践［M］. 北京：教育科学出版社，2008.

表2-4-1 核心任务的设计分析表

核心活动	认知策略	驱动力
入项活动	低阶：信息收集、分析 高阶：创见	强烈意愿、紧密联系、探索空间
检查零钱	低阶：分类、辨别、巩固 高阶：解决问题	紧密联系
付钱方案	低阶：组织、分析 高阶：解决问题、决策	紧密联系、探索空间
买卖活动	低阶：信息收集、巩固 高阶：解决问题、决策	强烈意愿、紧密联系、探索空间

1. 入项活动

除了要注重高低阶认知策略的良好搭配，好的入项活动还要关注学生的内驱力和联系感。本案例以即将举行的美食节作为背景，上课伊始，教师为学生介绍了美食节的活动安排。

【教学片段1】

同学们需要自己准备不同的食物，布置属于自己班的摊位。既要去买各个摊位的食物，也要将自己班的食物卖出去。所以，有的同学要负责推销食品（推销员），有的同学要帮忙保持摊位干净、整洁（保洁员），还有的同学需要负责收钱（收银员），但是在以往的美食节里，有的收银员出现了这些状况：

① 钱佳佳：别人给我一张钱，我给他一样东西。

② 钱依依：哥哥给我5元，我找他4元5角。

③ 钱冰冰：我算钱很准，但算得很慢，后面的客人等不及就走了。

④ 钱丁丁：姐姐给了我15元，我想找零钱，但是没有1元的钱了。

为了避免出现这些情况，要在班里举行一次模拟的买卖活动，从中选出8名金牌收银员来作为美食节的正式收银员。

紧接着让学生思考、讨论两个问题：成为金牌收银员，需要具备怎样的能力？你能通过什么方法获得或提高这些能力？

这样的入项活动让学生产生了成为金牌收银员的强烈意愿，产生了与自己相关的紧密联系感，并留给学生广阔的探索空间。活动中学生除了需要运用信息收集、分析等低阶的认知策略，还运用了创见的高阶认知策略，可见这是一个高质量的活动。

2. 检查零钱

按照学生的分析，成为金牌收银员首先要会认钱，并且要认得快。此处如果只给学生所有面值的人民币，让学生自己分类、辨别人民币，总结快速辨认的方法，确实可以达到快速认钱的目的，但这样的活动缺乏趣味性。因此，本案例调整为教师为每个小组准备了一个模拟买卖活动中的零钱包（10个1元、10个5角和10个1角），但其中一些钱被拿出来了，需要同学检查一下自己小组的零钱够不够。

【教学片段2】

今天老师也给每个小组准备了一些零钱。我给每个组都准备了10个1元，10个5角和10个1角。但是老师刚才走过来的时候很匆忙，不小心从袋子里掉了一些钱。稍后请每个组检查一下，你们的钱够不够，好吗？（共8个小组，其中3个小组分别少了1个1元、1个5角和1个1角。）

每组指定一位同学汇报自己小组有几个1元、几个5角和几个1角，并分别邀请少钱的组到投影处数一数。

① 少了5角的

师：（指着纸币）这是多少钱？你是怎么看的？（指着硬币）这个呢？请你数一数。

师：同学们都是这样看的吗？有没有不同的方法？

生：金黄色的硬币是5角。

② 少了1元的

师：（指着纸币）这是多少钱？你是怎么看的？（指着硬币）这个呢？请你数一数。

师：（指着1角）这里也写着1，为什么它不算呢？

生：这个1旁边写着"角"，这是1角。

师：还有不同的方法吗？

生：1元比较大，1角比较小。

……

学生在数钱的过程运用了自主经历分类、辨认的认知策略，总结出可以从大小、形状、颜色、字、图案等不同方面辨认人民币的方法，提出找零之前可以先分类、多熟悉不同面额的人民币等方案，并将这些方法迁移到认识和使用其他面额的人民币中。

3. 付钱方案

收银员需要在面对顾客复杂多变的付钱方案时，迅速做出判断，因此本课设计了探讨不同付钱方案的任务。付钱的情况主要分两种：付比实际价格多的钱（需要找零钱）和付正好的钱（不需找零钱）。这里主要探究付正好的钱的情况，如奶茶促销，60元四瓶。要付60元，有哪些不同的付钱方案？付钱的方案有很多种，因此学生在活动中会运用到解决问题、决策等高阶认知策略。这样的活动既涵盖了教材中《人民币的兑换》这一课时的知识，又避免了枯燥的兑换练习。

4. 买卖活动

模拟的买卖活动是整个项目化学习的成果检验，需要学生经历整个买卖的过程，列式记录下售出物品的价格和找钱的数目。在设计买卖活动时，要注意价格的设置，既要保证学生能体验"元+元""角+角""元+角"等不同情况的计算，又要保证计算中不涉及名数多样化的复杂计算。这也是本案例选择用模拟买卖活动取代用学校真实活动来检验成果的原因。

在模拟买卖活动中，学生除了要关注计算本身，还需要分工、合作，观察组员在活动中的协作能力，最后有依据地评选出金牌收银员。这一活动同样需要学生运用解决问题和决策的高阶认知策略。

买卖活动本身就非常吸引学生，但团队活动要避免个别学生不想、不敢表现，过分依赖组员的情况。在活动开始前要使学生明白，组员们会通过他在活动中的表现对他做出评价。

（三）后期的调整

本课设计了《实践过程评价量规》（表2-4-2）和《团队成果量规》（表2-4-3）。清晰的评价可以促进学生个人进步和团体共同进步，起到指引作用，如学生了解表2-4-2中团队合作的评价量规后，在团队活动中就更清楚如何进行协调、合作。同时，教师在教学过程中会非常清楚每个任务中学生的能力水平，为引导学生和调整课程提供重要依据。

表2-4-2　实践过程评价量规

维度	等级	表现水平	自评	成员1评价	成员2评价	师评
探究与实践	初级	在绝大多数任务中不知道要做什么，全程不参与				
	良好	知道任务要求，能够提供个别简单问题的答案				
	优秀	理解任务要求，能运用数学思维，完成认钱、换钱、计算等活动任务，解决每个问题				
倾听与回答	初级	完全不听别人的提问、建议或者以自我为中心地倾听。不发表观点，总是打断别人的话或不接受别人的建议				
	良好	根据对方的语气、态度等给出反应，能够安静倾听。适当时给予对方回答				
	优秀	认真倾听，从不打断对方，有眼神交流。在思考后，礼貌性地回答对方				
团队合作	初级	在小组合作中不知道自己要干什么，需要在别人的提醒下完成自己的任务，或者不配合团队的安排				
	良好	偶尔承担自己的角色和责任，合作不积极				
	优秀	承担起自己的角色和任务，处事公正，善于妥协，有时候会发表自己的想法，有时候会听从他人想法				
口头报告	初级	表达不流利，说话断断续续，没有表达清楚自己的观点				
	良好	能够较为顺利地表达心中所想				
	优秀	表达流利，逻辑清晰，神态优雅得体				

维度	等级	表现水平	自评	成员1评价	成员2评价	师评
专注与坚持	初级	不专心，东张西望，经常分心				
	良好	大多数的时候能集中注意力				
	优秀	能够专心致志，长期坚持，不放弃				
调控情绪	初级	遇到困难和问题时，情绪容易失控，表现得焦急，甚至易怒、沮丧				
	良好	遇到困难和问题时，大部分时候能够控制情绪，有时候会抱怨，情绪比较低落				
	优秀	遇到困难和问题时，能够调节自己的情绪，同时可以和他人平稳沟通				

表2-4-3　团队成果量规

学习单量规				
标准	3分	2分	1分	评价与反馈
求解步骤清晰				
计算结果正确性				
总分				
手抄报量规				
标准	3分	2分	1分	评价与反馈
突出重点知识				
设计美观				
总分				

　　结合相关理论，根据量规的测量结果，同时优化核心任务的设计和量规的设计，以更好地促进教学，提升学生的学习素养。

案例二：小学数学项目式学习多元评价体系建构与运用[①]

——以"如何成为金牌收银员"为例

评价在教育中有反馈、鼓励和引导的重要作用，它反映了我们追求何种教育结果，培养何种类型的人。笔者以项目化学习"如何成为金牌收银员"为例，建构贯穿全程学习的多元评价体系，从实践过程和成果两个方面出发，设置量规，了解学生在项目化学习中对核心概念的掌握情况和综合能力水平，以期唤醒教师对评价的重视，积极寻找更适合其课堂教学的评价方式。

（一）关注多元评价，散发项目式学习魅力

1.项目化学习的背景分析

项目化学习在一个真实、有趣的环境中，围绕一个具有挑战性的驱动性问题展开，学生不仅更加主动、专注地投入学习中，而且项目化学习可以加强学生对数学核心概念的理解，并促进其综合能力的提高。项目化学习需要对学习实践的整个过程和学习成果进行评价，不再采用传统的、单一的评价方式，需要建构多元的评价模式，以此激发、鼓励学生更加深层次地学习和理解。

2.设计贯穿项目化学习的评价

项目化学习有六个要素，分别是核心知识、驱动性问题、高阶认知、学习实践、公开成果和学习评价。学习评价是贯穿整个学习过程的，不但要对学习成果进行评价，而且要对实践过程进行评价。接下来笔者简述本项目的学习设计。

（1）项目名称：如何成为金牌收银员。

（2）项目简介：本项目基于人教版小学数学一年级下册第五单元《认识人民币》，用"数概念"这一核心概念，根据"如何加深学生体会数学概念与现实生活的密切联系"这个本质问题，围绕"如何成为金牌收银员"这一驱动问题，引发学生探究性、社会性实践和调控性实践。

（3）核心知识。

①这一单元所涉及的主要知识。

a.认识人民币的面额、单位及进率，人民币的兑换。

---

① 本章节由东莞外国语学校小学部何慧敏老师撰写，本文于2022年4月发在《广东教学报》。

b.学会简单的加、减运算并用其解决问题。

② 提炼学科关键概念或能力：数概念、合作交流、问题解决。

（4）驱动性问题。

① 本质问题：如何加深学生体会数概念与现实生活的密切联系？

② 驱动性问题：如何成为金牌收银员？

（5）成果与评价。

① 个人成果：单元测验。

② 团队成果。

a. 在模拟买卖活动中，小组成员明确分工，共同完成学习单。对学习单进行量规评价。

b. 以小组为单位，完成一份以"如何成为金牌收银员"为主题的手抄报，并进行量规评价。

（6）高阶认知：问题解决。

（7）实践与评价。

本项目涉及四个实践：第一，探究性实践。学生要理解各个任务中的要求，提出解决问题的方案。第二，社会性实践。对学生进行分组，小组内有明确分工和对应职责，学生需要倾听他人意见并给予回答。第三，调控性实践。学生遇到难题时可以长久坚持，不轻易放弃，同时调节自己的情绪，和他人平稳地沟通。第四，审美性实践。学生设计的手抄报富有美感，能够根据主题选择合适的构图和色彩。其中需要进行评价与实践的是前三个，即探究性实践、社会性实践和调控性实践。以下是整个活动项目的具体实施过程。

① 入项活动。

a. 结合我校传统的美食节文化，让学生了解买卖活动中非常重要的角色——收银员。通过一周的学习，在每小组中评选出一位金牌收银员，并在美食节当天成为本班级的收银员。

b. 提出驱动性问题，组织学生讨论：如何成为金牌收银员？

c. 教师明确学习活动的进程和学习点。

② 知识与能力建构。

用三个关联的情境任务让学生获得知识与能力。

情景一（认钱）：为每个小组准备一个零钱袋，让学生检查零钱袋是否有10个1元、10个5角和10个1角（零钱袋中有纸币和硬币，个别小组的零钱不足）。指定组内的学生汇报自己小组内的钱袋有几个1元、几个5角和几个1角，并让少钱的小组代表上来数一数，说一说如何认钱。

情景二（进率和换算）：两个小组为一个大组，轮流扮演顾客和收银员，要求顾客付刚好的钱。每个大组间的商品和价格不一样。最后，让购买同种物品，但使用不同的付钱方式的学生说一说他们的付钱方案。

情景三（计算）：与情景二一样进行买卖活动，但要求顾客付比实际价格多的钱，收银员要找零钱，同时要列算式计算出所找的零钱（付的钱数-商品价格=所找的零钱）。教师把学生列的算式写在黑板上，让学生观察、讨论，说一说哪些算式是对的，哪些是错的，并说出错误的原因，最后总结人民币的计算方法。

③出项活动。

召开会议，学生以团队形式展示：手抄报，并派一名代表分享其内容，投票选出最佳手抄报。在会议中推选出一名金牌收银员，并说明推选理由。

（二）建构多元评价，提供项目式学习动力

1. 项目化学习的评价

项目化学习虽然要求设计贯穿实践全程的评价，但这并不意味着每个实践步骤都要进行评价。评价要指向学习目标，主要考查学生以下几点。

（1）最终成果是否回答了驱动性问题？是否掌握知识技能？是否深刻理解概念？

（2）学习实践的质量如何？

（3）在过程性的成果中是否证明了相应的学习实践的产生？

（4）类似情境中是否产生了迁移？

同时，项目化学习的评价与传统评价存在几点不同：第一，教师要树立正确的学生观，评价除甄别作用外，还有鼓励和反馈作用。第二，评价内容多元化，要设计贯穿全程的评价，既要对实践进行评价，又要对成果进行评价。第三，评价主体多样化，评价主体可以是学生、同伴、老师、家长，甚至是专家。第四，评价方法多元化，除常规的纸笔测试外，还可以运用档案袋评价、自我反思等多种方法进行辅助。第五，评价范围广泛，对项目化实践过程和成果的评价都需要用到量规。

基于以上思量，笔者构建了本项目的评价体系，如图2-4-1所示。

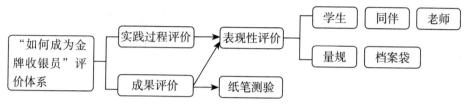

图2-4-1　"如何成为金牌收银员"项目化学习评价体系

其中，量规的设置是评价的关键性一环。接下来对量规的制定进行详细说明。

2. 制定项目化学习实践的量规

在实践评价中，量规是一个重要的工具，不仅要表达不同维度，还要清晰地阐述每个维度不同层次水平的具体表现，是评价的主要依据，发挥着决定性作用。如何确定量规的评分规则呢？首先，本项目化学习涉及了四类实践，分别是探究性实践、社会性实践、调控性实践和审美性实践，但并非所有过程都需要评价，根据本项目的学习目标，笔者选择前三个实践进行评价。紧接着把这三个实践具体划分成六个维度，最后细化每个维度的等级以及对应表现水平。以下是量规构建的思考过程图（图2-4-2）。

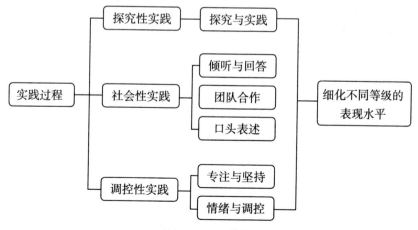

图2-4-2　实践评价量规构建的思考过程

以下是最终的实践评价量规表（表2-4-4）。

表2-4-4　实践评价量规

维度	等级	表现水平	自评	成员1评价	成员2评价	师评
探究与实践	一级	在绝大多数任务中不知道要做什么，全程不参与				
	二级	知道任务要求，能够提供个别简单问题的答案				
	三级	理解任务要求，运用数学思维，完成认钱、换钱、计算等活动任务，解决每个问题				
倾听与回答	一级	完全不听别人的提问、建议或者以自我为中心地倾听。不发表观点，总是打断别人的话或不接受别人的建议				
	二级	根据对方的语气、态度等给出反应，能够安静倾听，适当时回答对方的问题				
	三级	认真倾听，从不打断对方，有眼神交流。在思考后，礼貌性地回答对方				
团队合作	一级	在小组合作中不知道自己要干什么，需要在别人的提醒下完成自己的职责，或者不配合团队的安排				
	二级	偶尔承担自己的角色和责任，合作不积极				
	三级	承担起自己的角色和任务，处事公正，善于妥协，有时候会发表自己的想法，有时候会听从他人想法				
口头报告	一级	表达不流利，说话断断续续，没有表达清楚自己的观点				
	二级	能够较为顺利地表达心中所想				
	三级	表达流利，逻辑清晰，神态优雅得体				

维度	等级	表现水平	自评	成员1评价	成员2评价	师评
专注与坚持	一级	不专心，东张西望，经常分心				
	二级	大多数的时候能集中注意力				
	三级	能够专心致志，长期坚持，不放弃				
调控情绪	一级	遇到困难和问题时，情绪容易失控，表现得焦急，甚至易怒、沮丧				
	二级	遇到困难和问题时，大部分时候能够控制情绪，有时候会抱怨，情绪比较低落				
	三级	遇到困难和问题时，能够调节自己的情绪，同时可以和他人平稳沟通				

3. 制定项目化学习成果的量规

教师对团队成果评价进行量规设计，学习单量规表与手抄报量规表如表2-4-5所示和表2-4-6。

表2-4-5 学习单量规

标准	★★★★★	★★★	★	评价
求解步骤清晰				
计算结果正确性				
总分				

表2-4-6 手抄报量规

标准	★★★★★	★★★	★	评价
突出重点知识				
设计美观				
总分				

（三）运用多元评价，激发项目式学习活力

1. 多元评价的形成性运用

为了让一年级学生更加清晰明白评分的规则，笔者从项目一开始时就跟学生分享了量规，采用逐一讲解的方法，先让学生清晰地明白评分规则，再达成共识。同时，为了避免生生间互评掺杂太多主观因素，也提供了一些互评建议。

（1）在评价前，请先明白评分的规则。

（2）放下成见，公平公正地评价他人的成果。尽可能寻找成果中的优点，用积极的语言来表达让人不满意的地方。可以使用"我很喜欢作品中的……如果能够……调整，那就更棒了"的表达方式。

（3）不要因为评价的问题与同伴争吵。允许他人对你的评价进行讨论，如有问题或者疑惑，可以寻求老师的帮助。

2. 多元评价的总结性运用

本项目结束之际需要进行档案袋评价。笔者组织学生有目的、有计划地把项目式学习中的成果作品和所有的评价表格收集起来，放在档案袋中。档案袋见证了学生的成长，里面有他们学习过程中的努力、进步、成绩、成长与回忆。

（四）思索多元评价，延展项目式学习张力

评价是帮助我们引导学生向所期待方向前进的重要方法之一。本文所用的评价方法只是提供了一种参考思路，并不能解决所有的评价问题。探索项目式学习之路还在不断地推进，与之相对应的、有效的多元评价体系也要不停地构建与完善。这需要大家一同行动起来，群策群力，延展项目式学习的张力。

第三章

英语多元课堂教学新样态

　　小学英语课堂教学有五种常见的基本模式，即游戏操练模式、情景交际模式、综合实践模式、绘本阅读教学模式、英语信息技术辅助教学模式，但是随着教育的发展，英语学科也引进了许多最新的教学模式，如项目式学习、教育戏剧等。以下是我校英语教师近几年的部分实践，供大家参考。

第一节　基于项目式学习的小学英语绘本课堂教学模式 [①]

——以《典范英语3a Lesson 24 Hiccups》教学实践为例

《国家英语课程标准（2017年版）》指出：英语学科核心素养主要包括语言能力、文化意识、思维品质和学习能力。由此可见，英语教学的目标从"培养语言综合运用能力"转变到"培养学科核心素养"。2021年4月，张卓玉在第六届中国教育创新成果公益博览会上发表《项目学习是世界教育的大趋势》的讲话中强调：落实核心素养目标的最好载体和路径是项目式学习。因此我介于项目式学习指引下的教学改革洪流，大胆尝试运用《典范英语3a Lesson 24 Hiccups》的绘本故事，进行项目式英语绘本教学，以便更好地促进学生核心素养的发展。

项目式英语绘本阅读教学能够引导学生连接绘本与生活、进行深度学习、发展思维、提炼整合经验、培养交际能力，从而全面提升学生的核心素养。将项目式学习的手段和绘本学习的内容相结合，实现的不仅是对教学内容的选择，更是教与学的变革。

一、案例背景

《典范英语3a Lesson 24 Hiccups》绘本讲述了这样一个故事：Kipper因为喝了一杯饮料不停地打嗝。他的伙伴们为了帮助他停止打嗝，给了他一些建

[①] 本章节由东莞外国语学校小学部李诗雅老师撰写。

议，如再喝一杯水、弯腰喝水、单脚跳拍肚子。但是这些方法都没有让他停止打嗝。最后，大家想到了用惊吓的办法让他停止打嗝。虽然这个办法让Kipper停止了打嗝，却让隔壁正在吃面的老爷爷开始打嗝了。对于六年级的学生而言除了要理解绘本故事的大意、掌握绘本中的重点词汇"hiccups""get rid of it"等，还要领会文本的深层内涵，即通过项目活动使学生与绘本进行思想交流，通过绘本语言学习更加广博的知识，甚至能够预见当下或未来可能要面临的情况。

二、案例过程

本课源于学生的经历，学生带着生活的气息对绘本进行解读，学生在探究过程中，学会收集处理绘本信息、获取运用绘本知识、探讨设计执行方案、解决生活问题且通过多种方式进行呈现，促使学生的英语思维认知能力、社会文化以及品格的提升，进而初步形成"问题驱动—调研阅读—系统分析—方案决策—问题解决—成果呈现"六步课堂的操作模式，教学流程如下。

（一）问题驱动

首先展示绘本封面，学生先观察封面图案和文字信息，然后回答直观式问题："Who can you see in the cover？""What's wrong with Kipper？"通过直观问题的引导，学生得知Kipper打嗝了（had hiccups）。接着与学生的经验相连接，问学生：你有过打嗝的经历吗？难受吗？然后提出驱动问题：打嗝是一种病吗？（Is hiccup a kind of disease？）最后呈现与驱动问题和绘本内容相关的问题链：人在什么情况下会打嗝呢？今天学习的绘本中的"hiccups"是一种病吗？打嗝了，要如何消嗝呢？

设计意图：设置与学生生活相关联的开放性驱动问题，在激趣的同时也能引起学生的有意注意力，使学生积极主动投入项目式学习的探索中。

（二）戏剧研读

1. 魔法入场，主角入戏

教师展示Kipper的图片，拿出魔法棒让学生变成Kipper开始打嗝（HIC）。学生在打嗝的同时学习"hiccup"的发音。

2. 情境植入，感同身受

教师呈现Kipper好朋友Lee的图片，作为Kipper的好朋友，希望Kipper能停止打嗝，于是给出建议。教学片段1如下。

教师：This is Kipper's friend. He wanted to help Kipper get rid of the hiccups. What did he suggest？（教师出示魔法棒，示意学生变成Lee）

学生：Drink more water./ Drink another cup of water.

教师：Kipper drank the cup of water. What did Lee say？（教师出示魔法棒，示意学生变成Lee）

学生：Are you better？/Did it get rid of the hiccups？

教师：No.（教师戴着Kipper头饰，并出示魔法棒，示意所有学生继续打嗝。）

根据绘本图片提示Biff和Chip都分别给出了"弯腰喝水"和"单脚跳并拍打肚子"的建议，但是Kipper还是一直在打嗝。于是Biff和Chip想出了另外一个办法。教学片段2如下。

教师：Kipper tried all the suggestions，but he didn't get rid of the hiccups. He walked away with hiccups.（教师示意学生继续打嗝）Biff had a new idea. What was it？

学生：Shhh... BOO！（观察教师播放的图片并做出动作）

教师：What was it？

学生：A fright./A scare./An afraid./ A shock.

教师：Did it get rid of the hiccups？

学生：Yes，He got rid of the hiccups.（观看图片回答）

教师：Really？（教师展示绘本最后一张图片）

学生：The old man had hiccups，too./It caused another hiccups.（教师示意学生成为邻居爷爷开始打嗝）

3. 出戏回归，辨析问题

教师重拾驱动问题和问题链：Is hiccup a kind of disease in the picture book？ Is hiccup a kind of disease？ How could we help the old man？

设计意图：应用戏剧绘本教学，在图片信息提示下与绘本人物进行对话、与自己的个人经验对话，丰富绘本语言之外的口语表达，培养学生的想象力和创造力。

4. 拓展阅读，梳理信息

教师提供可供学生学习参考的书目、视频等资源，阅读中找寻驱动问题答案。具体书目如下。

① *The Hippo Who Had the Hiccups*

② *Skeleton Hiccups*

③ *Peppa Pig，Hiccups*

④ *Charlie and Lola，Hiccups*

⑤ *Why Do We Get Hiccups? Body science for Kids*

⑥ *Why Do We Hiccup? TED*

设计意图：延伸泛读，扩大语言输入量，拓宽绘本横纵面的学习，为语言输出打下坚实基础。

（三）系统分析

完成小组任务单：引导学生思考我们为什么会打嗝？我们什么时候打嗝？是属于哪一类型的打嗝？如何消除打嗝？学生通过查阅教师提供的书目、视频或自有资源完成任务单。六人小组置有三份任务单，每两位同学完成一份任务单，任务成果呈现形式可多样化（思维可视图、动画等）。

任务单1：Why do we get hiccups? 下面我们列举了这一任务的学生作品（图3-1-1）。

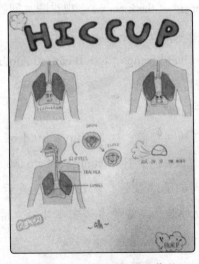

图3-1-1　任务单1学生作品

任务单2：When do we get hiccups? Are they Pathological Hiccups or Non-Pathological Hiccups? 下面我们列举了这一任务的学生作品（图3-1-2）。

图3-1-2 任务单2学生作品

任务单3：How to get rid of hiccups? 下面我们列举了这一任务的学生作品（图3-1-3）。

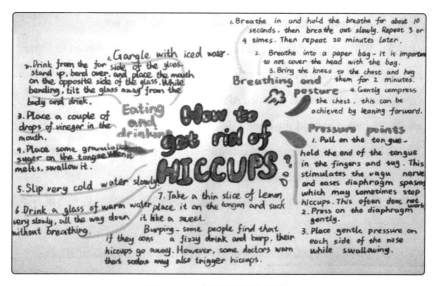

图3-1-3 任务单3学生作品

任务完成后在小组和班级内分享。

设计意图：将驱动问题分解为若干事实性细节问题，学生合作完成任务单。引导学生从具体问题入手，对阅读材料进行处理分析和可视化归纳，培养学生的合作交流能力。

（四）方案决策

角色代入：如果你是这群孩子中的一个，你会怎样帮助这位打嗝的老人？如果你是医生，你会给这位老人一些什么建议去消除打嗝呢？教学片段3如下。

教师：Now, you learned so much about hiccups. If you were the children, what would you do to help the old man?

学生：Give him a shock again.

教师：He was an old man, was it okay?

学生：Ask help for parents and send him to the doctor.

教师：If you were the doctor, what would you suggest to the old man to get rid of the hiccups?

学生1：Drink some water.

学生2：Hop and tap the tummy.

学生3：Give him a shock.

学生4：Ask him some questions to see if he is sick or not.

学生5：Why not give him a body check first? Because he is an old man. If he has a strong body, then we can try these ways to get rid of the hiccups. If he has some disease, he should ask help for more doctors.

教师：So what should the doctor do?

学生们：First, ask him some questions, and then give him a body check, at last give him some suggestions or medicines.

设计意图：在情境问题的驱动下，让学生的思维进行碰撞，展开交流与评价。

（五）问题解决

回归驱动问题：打嗝是一种病吗？（Is hiccup a kind of disease？）学生们开始记录解决这一问题的方法（图3-1-4）。

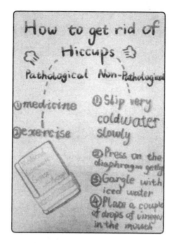

图3-1-4 学生自创作品

设计意图：学生通过项目式学习形成自己的观点并解释说明其观点。

（六）成果呈现

六人小组合作绘编孩子们和家长陪老人看医生的情景故事，并在班级进行演绎（图3-1-5）。

图3-1-5 学生续创绘本作品

设计意图：回归绘本、续写绘本、演绎故事。应用项目式学习习得的语言、科学知识，实现语言和思维迁移，形成学习闭环。

三、案例反思

在项目问题（打嗝是一种病吗？）的驱动下，本课完成了戏剧研读、拓展阅读、系统分析、制定方案、解决问题的项目式学习。学生不仅在绘本学习中学会了使用绘本语言，还学会使用绘本语言学习科学知识，最后又根据科学知识续创绘本故事。同时，由于项目式指导下的绘本教学目前正处于研究起步阶段，确实有一些问题需关注和改进，具体问题如下。

（1）项目式学习指导下的绘本教学所用课时较长，本课所需4课时。

（2）项目式学习指导下的绘本学习对学生有一定的自主、合作学习要求。学生小组合作学习时，存在部分学生未使用英语表达的现象，可以给学生提供一些用语示范，帮助他们融入英语学习氛围中。

（3）项目式学习指导下的绘本学习是以学生为中心的，在解决问题过程中学习语言并用目标语言来完成一定的任务，因此驱动问题是项目式学习的关键，应当根据学情"因地制宜"地设置具有一定挑战性和价值性的问题。

第二节　依托伊索寓言英语绘本突破口语表达教学策略[①]

　　语言是交际的工具，口语表达则是我们与他人交流的重要方式，所以培养学生的口语表达能力是小学英语教学的重要任务。教师应利用一切可利用的条件和资源，为学生创造利于表达、敢于表达、易于表达的环境和活动，让英语课程成为学生语言实践的场所。利用伊索寓言英语绘本进行教学，通过"课前依托绘本故事情节处理教材降低听说难度，课中依托该类绘本故事的特点巧用链式问题、故事地图、角色扮演等课堂活动促进口语表达，课后依托该类绘本故事的趣味性举办故事剧场突破口语表达"等教学策略可有效促进小学生的英语口语表达能力的提高。

　　目前，小学的口语教学主要是依托教材中的"听说模块"进行。教材中的"听说模块"多是围绕一个主题和两三个重点句型而展开的简短对话，呈现出"篇幅短、语量少、句型单一"的特点。显然，依托"听说模块"的课堂，学生的输入量少，输出量更是如此。另外，教材中"听说模块"的话题虽然贴近生活，但却缺乏趣味性，不够贴近学生的童心童趣，久而久之，学生在学习这些对话时会感到乏味，从而缺乏练习口语表达的动力。

　　由此可见，依托教材中的"听说模块"还不足以满足学生练习口语表达的需求，那么我们该如何开展更有效的教学，帮助学生促进其英语口语表达能力的提升呢？义务教育阶段的《义务教育英语课程标准（2011年版）》

[①] 本章节由东莞外国语学校小学部刘彩霞老师撰写。

中提出：合理利用各种教学资源，提高学生的学习效率。因此，笔者尝试利用伊索寓言英语绘本进行教学，帮助学生提升英语口语表达能力。伊索寓言英语绘本讲述的大多为动物之间的情景故事，绘本的语言精练、语量丰富、内容精彩、形象生动、富含哲理。所以，伊索寓言英语绘本既符合小学生的求知欲望和童心童趣，又能为学生的听说练习提供大量的语言素材和真实语境。通过教学实践，笔者发现：依托伊索寓言英语绘本开展的教学能促使小学生的口语表达能力达到质的飞跃。但是由于该类绘本非传统的短篇绘本教材，所以教师在利用该类绘本进行教学时需根据其特点进行有效的整体教学设计才能发挥其作用。本文将结合伊索寓言英语绘本*The Wolf and the Crane*［该教学资源选自"小学英语伊索寓言（绘本版）"初级第二辑故事读物］在三年级的教学中，分享若干依托伊索寓言英语绘本突破学生口语表达的教学策略。

一、课前：依托故事情节，合理切分课时，降低听说难度

一个伊索寓言英语绘本故事可能会长达十几页或几十页，由几十个甚至上百个英语句子和对话构成，约有一两百个词汇，可为学生提供较大的语量输入量，非常有利于学生积累语言素材。但如果在一节课内给学生教授完一整个故事，学生会消化不良，甚至产生畏惧心理。因此，教师可以根据故事中不同的情节，把一个故事切分为若干个课时进行教授，让整个故事就像连续剧一样"一集一集"呈现，这样既吊学生的胃口，又降低了听说的难度，能让学生"听得懂、说得出"。

例如，笔者执教的*The Wolf and the Crane*的故事，文本内容长达16页（不含图），主要讲述了一只狼吃了一只羊后，喉咙里卡了骨头，依次寻找兔子、绵羊和鹤帮忙，最后狼骗取鹤的信任，得到了鹤的帮忙，但并没有兑换诺言的故事。笔者就按故事情节将其切分成了6个课时，每个课时包括2~3页文本，含15~25个不同的句子，这样的切分符合学生当前的英语水平和接受能力。

二、课中：依托故事特点，巧设课堂活动，促进口语表达

（一）依托故事悬念，巧设链式问题，驱动口语表达

伊索寓言绘本具有丰富有趣的故事情节，非常有利于教师创设故事悬

念，挖掘链式问题。课堂设问是牵引学生注意和发动学生思维的重要引擎，教师可借助伊索寓言英语绘本中丰富的故事情节巧妙地设计关键的链式情景问题，以问题驱动学生探究，从而引发课堂"链式反应"，驱动学生自主表达。

笔者的课堂实践证明，在伊索寓言绘本教学中，教师可以轻松地巧设链式情景问题，有效地激发学生的学习兴趣，驱动他们主动获取解决问题的信息和表达自己的思维。例如，笔者在教授*The Wolf and the Crane*第三课时通过创设以下故事悬念和链式问题驱动学生进行口语表达。

1. 讲故事前——看图预测，激活表达

课堂伊始，学生复习前两个课时故事情节后，教师只呈现本节课的第一张图片——狼遇见了一只羊。教师提出疑问，让学生猜测：What will the wolf do?（此时的狼遇见了羊，会做什么呢？）学生纷纷举手猜测。

学生1：Maybe the wolf will ask the sheep for help.

学生2：The wolf will eat the sheep.

学生3：Maybe the sheep is sacred. The wolf will find other animals.

……

可见，通过看图预测、提出问题的方式激发了学生的兴趣，激活了他们大脑的思维，让他们在上课的伊始就迫不及待地开始"说"。

2. 讲故事中——追溯情节，主动表达

教师首先赞赏了学生的尝试性猜测，然后带领学生一步步去验证猜测：The wolf will try to get help from the sheep（狼会尝试寻求羊来帮助）。可是羊会帮助它吗？教师追问：Will the sheep help the wolf?（羊会帮助狼吗？）

学生带着该问题聆听教师讲故事，当讲到狼苦苦哀求羊的帮助时，正要出现该问题的答案时，教师卖了关子，没有马上揭晓答案，而是拿出一个羊的头套（教具），让学生进入故事化身为羊，并提问：Now you are the sheep. What do you say to the wolf? 学生一听，积极性被调动，纷纷举手抢着"当羊"，发表自己的观点。

"小羊1"：I don't trust you. You can eat me.

"小羊2"：I don't trust you.

"小羊3"：I am scare（of）you. You yesterday eat my friend.（You ate my friend yesterday）. So I not trust you.（I don't trust you）

"小羊4"：If I take out the bone for you. You will eat me.

"小羊5"：No！Run！Everyone！

……

可见，学生在问题"Now you are the sheep. What do you say to the wolf？"的驱动下，现场生成了很多想要表达的内容，让人惊喜。教师也充分肯定了他们的口语表达。

接着，学生通过听故事获取"Will the sheep help the wolf？"的答案：The sheep won't help the wolf（羊不会帮助狼）。教师继续追问：Why doesn't the sheep help the wolf？（为什么这只羊不帮助狼呢？）学生带着问题有目的地观看故事视频并获取相关信息，并成功地通过自己思考进行表述：Because the wolf ate the sheep's friend yesterday（因为这只狼昨天吃了羊的朋友）。

由此可见，在教师的引领下，学生追溯故事情节就如同追溯连续剧一样，而教师则完美地借助环环相扣的链式问题让学生主动表达，收到了良好的课堂效果。

3. 讲故事后——同伴探讨，突破表达

课程接近尾声，教师根据本节故事结尾的情节——"狼并没有得到羊的帮助"，提出开放性的问题：If you were the wolf, what would you do next？Why？（如果你是故事中的狼，你接下来会做些什么呢？为什么这么做？）该问题既培养了学生独立思考和解决问题的能力，又激发了学生突破口语表达的潜能。经过与同伴讨论，学生纷纷表达自己的观点。

学生1：I would eat other animals. The bone can…（be swallowed）

学生2：I would eat grass.

学生3：I would go to see a doctor. And I would give him money. The doctor will get the bone out for me.

学生4：I would find other animal doctors.

学生5：I would find a giraffe for help. Because it has a long neck.

学生6：I would found（find）a crane. Because its mouth is long. So a crane can take out the bone for me.

……

学生在该问题的驱动下，产生了如此多的精彩表达。这何尝不是突破了自己原有的口语表达？

本课例的几个关键问题环环相扣、循序渐进，引导学生由疑入思、由思到学、由学至用，从而挖掘了学生的听说潜能，驱动了他们主动进行口语表达。由此可见，伊索寓言英语绘本中具有的丰富有趣的故事情节，能让教师在教学中轻松创设故事悬念和挖掘链式问题，充分给予学生输入和产出的机会。

（二）依托故事连续性，巧用故事地图，助力口语表达

虽然一个伊索寓言英语绘本的教学被切分成了若干个课时，但每个课时的内容都是紧密相连，具有连续性的。所以，在每个课时的教学中，教师都可利用一个整体性的故事地图（story map）呈现故事内容。因故事地图能将教学内容串联成一个个分析思路，从而形成一个概念图，而这个概念图便能为学生锻炼口语表达提供良好的支架。在伊索寓言英语绘本教学中，利用故事地图能清晰地展示故事的主题、故事发生的背景、故事的人物、故事的发展脉络等，这有助于学生理解连续性的故事内容，并能根据故事地图上的短语、短句生成自己的语言，从而复述故事，为口语表达插上翅膀。

例如，图3-2-1为 *The Wolf and the Crane* 第三课时的故事地图，该故事地图既体现了前两节课的主要内容，又呈现了本节课的详细内容，通过该故事地图，学生对已学过的故事情节一目了然。在上课的伊始，教师引导学生根据故事地图复述已学过的故事内容（下图的左半部分），在该课的结尾，教师引导学生根据故事地图复述出三个课时的内容（图3-2-1）。待学生学完整个故事时（6个课时），学生便能依据故事地图用自己的语言复述出一个长达16页文本的完整故事。这对于小学生来说，便是口语表达的突破。

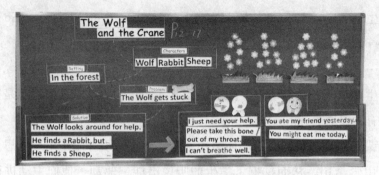

图3-2-1　学生根据故事地图复述内容

（三）依托故事情景，设计角色扮演，强化口语表达

美国心理学家布鲁纳认为：成功的外语课堂教学应在课堂内创设更多的情景，让学生有机会运用自己学到的语言材料。而伊索寓言英语绘本里自带情景和台词，含有生动的角色、丰富的语言和有趣的内容，非常贴近小学生的兴趣，能满足他们"想演、爱演、乐演"的心理特点。所以，教师在授课时可充分利用故事中精彩多样的情景，设计角色扮演活动，让学生在角色扮演中运用语言进行交流表达。

根据故事情景进行角色扮演不仅能够让学生在参与过程中对故事的语言情景有深刻体验，还能让学生迅速内化故事中的语言并通过自己的思维重新输出，快速地提高自身的口语表达能力。因此，教师在伊索寓言英语绘本教学的每个课时都可直接利用故事已有的情景，设计角色扮演的教学活动，帮助学生提升口语表达能力。

例如，笔者在教授*The Wolf and the Crane*时，根据故事情景，在第一、第二课时设计了"旁白、狼和兔"的角色，在第三课时故事中增加了"羊"的角色，便设计了"旁白、狼、兔和羊"的角色……在每次角色扮演展示前，教师都会组织学生进行分组练习，以确保每个学生都能进行对话交流。如果角色扮演的内容是当节课新授的内容，教师便允许学生拿着书本上台表演。如果学生在表演的过程中，发音欠标准，教师不要急于打断纠正（可在扮演结束后进行恰当的纠正），以确保学生自信地表达。表演结束后，教师还设计评价反馈环节，评价由台下的学生进行，这可以更进一步促使学生使用目标语言和知识去表达自己的想法。每次角色扮演，学生都非常积极地参与，乐在其中（图3-2-2）。

图3-2-2 学生积极参与角色扮演

三、课后：依托故事趣味性，举办故事剧场，突破口语表达

伊索寓言英语绘本的故事既具有丰富的趣味性，又具有鲜明的教育性，非常适合延伸到课堂之外。而英语课外活动是学生英语学习的重要组成部分，能为学生的语言实践和自主学习提供更大的平台。因此，在学习完多个伊索寓言英语绘本故事后，教师便可通过举办"伊索寓言英语故事剧场"活动给学生一次突破口语表达的机会。伊索寓言英语绘本中高密度英语语言知识再现，帮助学生无意识地牢记了综合语言知识，为输出量积累了丰富的素材，而通过故事剧场活动，便可让学生把积累的素材表达出来，展现口语表达能力。

例如，笔者所在的年级在一个学期里学习了三个伊索寓言故事：*The Wolf and the Crane*、*The Donkey in the Lion's skin*、*The Wolf and the House Dog*。每个故事都富含哲理、深受学生的喜爱，于是教师借助学校英语节的平台，为本年级学生举办了一场"英语节之伊索寓言英语故事剧场"（图3-2-3）。学生纷纷报名参与，为了获得表演的资格，学生需要认真模仿音频、练习台词和背诵台词（每个故事的文本长达十几页），而这个过程正是学生积累口语素材和突破口语表达的过程。当学生能将故事的内容脱口而出，在舞台上用标准、流利的英语脱稿演绎故事时，学生便成了口语表达的主动者。经过本次伊索寓言故事剧场活动，笔者发现很多学生无论是在课上还是在课下都能恰当自如地运用故事中的一些语言表达自己的想法，这就是口语表达的突破。

图3-2-3　故事剧场

　　语言的学习是一个从输入到吸收，从吸收到理解，从理解到学会输出的过程，而在这个过程中，精彩的英语绘本故事起到了重要的作用。在依托伊索寓言英语绘本的教学中，学生可以通过各种形式的听、看、仿等吸收和积累丰富的语言知识，再通过大量的专项和综合性语言实践活动提升自己的口语表达能力。

第三节 骨架文本教学与英语教育戏剧的"碰撞"①

——*The Wolf and the House Dog*第七课时课堂教学实践与反思

"全课程"教育以培养学生的全面协调可持续发展为目标，以"人"为核心，强调学生的自主性。在"全课程"的教育理念下，利用英语戏剧作为英语学习的一个工具，在英语教育戏剧学习的过程中，着重培养学生的综合素质。同时，教育戏剧结合骨架文本Skeleton教学模式，通过学生对剧本故事的内在逻辑关系的观察、思考、分析和判断的一系列思维性学习活动，引导学生建构文本，发展学生的高阶思维能力，进而促进学生的全面发展。

一、背景分析

*The Wolf and the House Dog*是根据经典的伊索寓言故事所改编的，主要是讲述了一只饥肠辘辘的狼遇到了一只家狗，听了家狗的圈养生活后，狼放弃了跟随家狗，而回到森林过自由生活的故事。这个故事分为八个课时，本课为第七课时。本课时主要是讲述狼发现了家狗脖子上的狗圈所产生的思考。

故事的文本以狼与家狗的对话为主，语言通俗易懂，那如何引导学生根据文本的内在逻辑关系内化和创造出自己的语言并最终以戏剧的方式表演出来呢？是本次课的重难点。于是，在科组老师们的帮助下，我以原本的故事

---

① 本章节由东莞外国语学校小学部吴嘉婷老师撰写。

文本和插图为载体，通过挖空的方式产生信息差，引导学生观察、预测、分析和推理，让学生在已有的语言储备下，结合自身对绘本的角色特征的理解与分析，理解文本的内在逻辑关系，创造出符合故事和语言逻辑的台词文本。

二、案例描述

The Wolf and the House Dog 这个故事主要以主角"狼"与"家狗"的口吻进行对话。所以本课的课型是语音课。

（一）巧用思维可视图，给学生搭建"兴趣"小屋

运用思维可视图激活绘本故事前景和学生对角色人物的理解，并在复述文本的过程中，引导学生进行预测和推理，激发学生对后续故事的兴趣。在猜测的过程中，让学生慢慢重新走进故事情景中，并将自己慢慢带入人物角色中。为此，学生们还做了思维可视图（图3-3-1）。

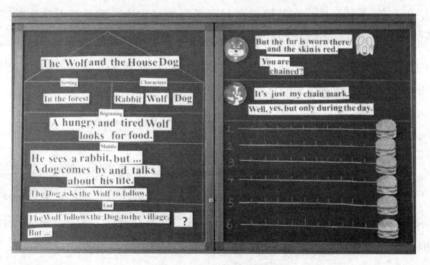

图3-3-1　思维可视图

片段一：

Step 1 Review：retell the story of the beginning and the middle part.

教师在黑板上呈现前半部分故事内容的故事地图，学生根据故事地图和关键短语复述已学过的内容。复述后，教师根据上节课故事的结尾，提出问题：What will happen next？让学生预测即将发生的故事，过渡到本节课内容的学习。

设计意图：通过复述故事展示上节课的内容，迅速帮助学生回忆起故事情节，并通过观察本课的第一张图片，让学生对接下来的故事内容进行预测，激发他们的兴趣。

（二）巧用Skeleton教学法，让学生"巧妙"共情

Skeleton是指教师充分利用文本和插图中的内在逻辑关系，通过设置挖空、排序、辨析等方式产生信息差，引发学生进行观察、分析、预测、推理、判断、评价等一系列思维性学习活动，引导学生建构文本，发展学生高阶思维能力的同时，促进其自主学习，是一种解读文本的教学方法。

这一步，不仅是语言的建构，更是阅读的感知。在这个步骤里，我根据绘本原有的文本，挖空关键的句型，并让学生代入角色中，感知角色的情感态度。我呈现了整个绘本的文本，进行整体输入，并提出问题If you were the Dog，what would you say？让学生代入角色中，并通过自行思考和小组讨论的方式，使学生分析和判断缺失的句子有可能是什么。在学生自主思考的过程中，体现了学生的主体性。学生需要分析骨架文本，联系对话配图中角色的情感态度，观察上下文，进行思考、推敲，并选出符合文本逻辑和角色情感态度的句子。学生对外部信息进行加工与处理，就是解构和建构文本的过程，并且是学生主动建构知识和情感态度的过程。

在sketeton教学法的引导下，学生在情境下联系文本的内在逻辑关系，并在教师挖空的地方建构文本，最后学生用教育戏剧中"夸张的肢体语言"把语言表达出来。在这个过程中，对于挖空的文本，学生注入了自己对情境和人物情感态度的理解，创新了核心文本的语言表达。

有趣的是，当学生把自己代入角色后，学生对于挖空的句子的答案是丰富多彩的，并在表达句子时饱含了自己对角色的感情。

片段二：

T=Teacher，S=Student

T：If you were the Dog，what would you say？And how did you feel？（在这个情境中，如果你是这只狗听了狼对你的疑惑，你会怎么答复它呢？并且此时你的感受是怎么样的呢？）

S1：Oh！Don't worry！It's nothing.（S1拍了拍"狼"的肩膀并露出了让"狼"别担心的神情。）

S2：Oh，never mind.（学生露出没关系的神情，并摆了摆自己的手。）

在这个过程中，学生不仅建构了文本的语言，也完成了教学三维目标中的情感态度与价值观的目标。

T：The Wolf says "What do you mean？You are chained？" If you were the Wolf, how did you feel？（此时，狗已告诉狼脖子上的狗圈的真相，那么如果你是狼，你有何感受？）

S3：I feel scared. I don't want be chained.（学生说我感到害怕，因为我不想被圈养，此时，学生已完全把自己代入故事"狼"这个角色中（图3-3-2所示）。

图3-3-2　角色扮演

在相同的故事情境中，学生从一开始把自己代入到"狗"这个角色中，体会"狗"这个角色的情感态度，与"狗"这个角色共情，到后来代入到"狼"这个角色中，体会"狼"的情感态度，与"狼"共情。从"狗"到"狼"，既是一个换位思考的过程，也是一个促进同理心发展的过程。在这个过程中，学生自发地形成了一种理解他人，换位思考的人文价值观。

（三）巧用教育戏剧，让学生"个性化"

当学生对绘本进行了文本的建构后，我会播放录音让学生一边模仿跟读，一边用夸张的肢体语言来表达角色的情感态度，激活学生们的肢体语言，为下一步角色扮演做好铺垫。这一步我会让学生戴上原本自己制作好的角色的头套，甚至有些学生为了让自己更好地"入戏"还穿上了角色的"戏服"。其间，我留有足够的时间，让同学们小组讨论并配合扮演。最后，会邀请小组来台前进行角色扮演。有趣的是，在角色扮演的引导下，学生更能理解角色。

片段三：

T=Teacher　S=Student

T：If you were the Wolf, would you follow the Dog to the village? Why?（此时，你作为已知道狗脖子上的真相的狼，你会继续跟随狗去到乡村吗？为什么？）

S1：No, I wouldn't. Because I love freedom.（不，我不会。因为我喜欢森林里自由且无拘无束的生活。）

S2：Yes, I would. Because I won't be hungry anymore and I can eat a lot of delicious food.（我还是会继续跟随狗去乡村生活，因为这样我就再也不会挨饿了，并且我还可以吃到很多美味的食物。）

在布鲁姆情感领域的教学目标中，根据价值内化的程度分为接受、反应、评价、组织和个性化五个等级。在这个教学过程中，学生通过角色扮演的方法，体会到了"狼"与"狗"这两个角色的情感态度，同时用"夸张的肢体语言"展示了这两个角色，并评价和表述自己对这两个角色的理解，最后形成了自己对于角色行为的个性化见解。

三、总结与反思

本课运用Skeleton帮助学生进行文本的建构，教学戏剧帮助学生进行文本内化后的呈现。

在这个过程中，需要注意的是，运用Skeleton建构文本时和以教学戏剧的方式呈现时都必须在同一个语境中进行，不能脱离核心文本和核心的价值导向。

"全课程"理念曾提到，在教学中，教师应该把培养身心全面发展的学生作为自己的教育目标，把学生看作具体的、能动的人，尊重他们的人格和生命。本课从构建文本进行骨架教学方法出发，再到最后以教育戏剧的方式产出，从学生自主地对剧本文本进行思考再到学生理解他人、换位思考的个性化价值观的形成。我们惊奇地发现，学生的语言输出量明显递增，不再是一个单词，一个简单句，学生对于事物的看法也形成了一套自己独特的见解。

第四节　基于"五构"课堂原理下的绘本阅读教学①

小学英语绘本阅读教学对培养学生的英语学科核心素养有着非常重要的作用。本文基于东莞市小学英语教研室张凝老师的"五构"课堂原理，通过将"五构"原理应用到具体的英语绘本阅读教学实践中，来提升学生的英语学科核心素养。"五构"原理即通过主旨与线索建构来搭建故事框架，通过语言建构来获取故事信息、习得语言，通过意义建构来深化理解、发展思维，通过认知建构来梳理信息，联系实际。

英语学科的核心素养包括学生语言能力、学习能力、思维品质以及文化意识等。随着东莞市小学英语"品质课堂"如火如荼地开展，英文绘本阅读教学作为提升学生英语核心素养的重要一环，也越来越被一线教师所推崇。因此，我们要重视英文绘本阅读教学，善于挖掘优秀的绘本，做英语绘本阅读教学的研究者和开发者，为发展学生语言能力、学习能力、思维品质以及文化意识添砖加瓦。

绘本的英文名为"picture book"，专指以图和文共同演绎一个故事的书。在实际的教学中绘本作为图画书，不仅是传统意义上的配图文字书，还可以通过图来传递某种核心价值。阅读绘本的人通过这些图文明白某个道理，并且接受这个道理，从而实现对文化的传承。

在东莞市小学英语教研室教研员张凝老师的指引下，东莞市小学英文绘

---

① 本章节由东莞外国语学校小学部江燕老师撰写。

本阅读教学取得了显著的进步。张凝老师开发的英文绘本阅读教学模式"五构课堂"解决了大部分一线教师关于如何教授英文绘本阅读的疑问。"五构课堂"绘本教学模式由主旨建构、线索建构、语言建构、意义建构和认知建构五个部分组成。接下来笔者以自己执教的一节英文绘本故事课例（人教爱悦第六级Lesson 15 *Baby Bunny is sleeping*）阐述如何在绘本阅读教学中运用"五构"策略来促进学生英语核心素养的发展。

一、主旨与线索建构：充分利用绘本的插图，读图预测

英文绘本故事具有内容丰富，情节有趣的特点。学生在阅读故事前教师要有意识带领学生总结、厘清故事的主旨和线索，为学生预测故事情节，提供必要的线索，为接下来的学习做好铺垫。英语绘本的插图就是非常好的学习资源，起着与文本同等重要的作用。绘本的插图往往有整体性和连贯性的特点，与文本构成了相对完整的语言学习情境。在绘本教学中，利用绘本插图可以有效促进小学生的思维能力的发展。笔者在备课绘本*Little Bunny Is Sleeping*时充分利用了封面预测和图片环游的策略（图3-4-1）。通过引导学生观看封面猜测人物、地点、行为以及人物之间的关系，呈现故事的图片进行图片环游，来预测故事的主要内容"What's the story about？"，再快速浏览故事，检验预测，在整个过程中，学生的头脑中可以初步总结、厘清整个故事的主旨和线索，为接下来的学习做好铺垫。

二、语言建构：任务驱动阅读，图文并进

绘本故事教学要教给学生阅读策略，笔者通过设置不同的阅读任务引导学生寻找故事的信息，关注故事的内容，学习语言。通过skim and check-scan and answer-read and match-read and underline-read and find-read and answer等步骤让学生掌握了扫读、跳读、寻读、精读等阅读策略，理解了故事内容，阅读的过程也掌握了，如huffed and puffed、fluffed、snuggled及"Baby Bunny is sleeping"等重难点单词和句式。学生在获取信息、理解故事内容的同时，也习得了语言，构建了故事的框架。

三、意义建构：问题链设计，促思明理

绘本阅读教学中问题设计对培养学生的思维品质有着重要的意义。教师要精心设计问题，引发学生主动思考，吸引他们去发现探究，探究解疑的过程也是学生思维能力发展的过程。在阅读教学中设计好问题链，有助于培养学生习得正确的思维方式。绘本 *Little Bunny is sleeping* 中，笔者根据故事发展的脉络设计了由浅入深，层层递进的问题链。例如，学生初读故事了解了故事大意之后，教师提问"How many times had Little Bunny been stopped by his family？"，让学生关注细节信息，找到人物的行为，接着提问"Why did they stop Little Bunny？"，引发学生思考人物行为背后的原因，紧接着教师设计问题"How did Little Bunny feel？"，让学生体会小兔子的感受，故事读完之后提问学生"Do you think they love Little Bunny？"，让学生对行为做出评价。故事结束之后在延伸部分询问学生"Have you ever met the same problem at home？""How did you feel？""What did you do to solve the problem？"，让学生联系自己的实际生活，描述情景，给出解决方案。这一连串的问题不但使得学生们的阅读具有连续性，而且在阅读的过程中培养了学生分析、推理、感悟、思辨、评价等深层次思维能力。

四、认知建构：合理运用阅读记录，梳理成果

英文绘本故事教学之所以能起到重要的作用，还在于故事能带给学生深刻的感悟。当学生已经理解绘本故事后，教师可以由扶到放，引导学生运用语言，培养英语运用能力。教师在课堂教学之外，辅助以reading log的读书记录（图3-4-1），可以让学生在回顾故事的基础上再次梳理信息，达到课堂之外深层理解的效果。阅读日志表第一栏"What do you learn from the story？"，学生可以根据课堂所学巩固语言知识；第二栏"social emotional learning"，提炼故事折射的人生价值观，进一步提高学生的文化意识；第三栏学生可以使用mind map将故事内容再次以图文的形式复现，加深理解；第四栏"What impresses you most in the story？"，学生根据自己的喜好进行评价判断，阐述观点，重构知识，表达观点。同时，教师可利用阅读日志分析

学生学习的层次，以此形成教学反馈，学生也形成了学习的闭环。在这个过程中，学生加深了对绘本的理解，同时也提升了语用力。

Task sheet：Baby Bunny Is Sleeping（A reading log）

Name：_____ Class：_____

请同学们可以根据所学故事，完成下面的Reading Log。期待同学们的分享哦。

Reading Log（读书记录）

What did you learn from the picture book?

1.What did you learn from the picture book? ①Vocabulary（单词）： ②Sentences（句子）：	3.What is the summary（小结）? How to use a mind map to conclude the picture book?（用思维导图给故事做个小结。） Word bank（单词银行）：watching cartoon, turn down, huffed and puffed, blow down, fluffed, snuggled, cry so loud, "Shh, Little Bunny is sleeping"
2. Social emotional learning（情感与品德学习） Choose the sentences you agree.（在以下选项中勾选出你所认同的价值观。） A. Love our brothers and sisters. B. Be helpful to our parents. C. Be quiet when babies are at home. D. Be responsible for yourself. Can you write about your emotional learning from the story?（你能写写你所体悟到的道理吗？） _____ _____ _____	4.What impress you most in the story?（这个故事给你留下最深刻印象的是什么呢？） _____ _____ _____ _____ _____ _____ _____ _____ _____

图3-4-1　读书记录

以上为本次课例笔者梳理的"五构"课堂模式的分析，当然绘本教学并不仅有一种模式和方法，教师要运用多种教学策略灵活处理各种类型的绘本教学。借用"五构"模式，有助于我们更立体地分析和设计绘本教学。故事教学和思维发展相辅相成。我们应该始终以促进学生核心素养的发展为目标，在故事教学中，充分调动学生的学习兴趣，以任务驱动语言学习，以问题链引领学生思考，积极反馈，形成教与学的闭环，助力学生的成长和发展。

为了更方便读者对"五构"绘本阅读教学模式有更直观清晰的理解，以下附上本次课例的教学设计供读者参考。

Shhh! Baby Bunny Is Sleeping绘本教学设计

1.教学设计整体思路

本节课选自《人教爱阅英语读本：小学6》的一节绘本故事，故事的主要内容是小兔子看电视、玩积木、打鼓都被家人制止，他感觉很委屈，晚上睡觉时当他被小小兔吵醒，目睹了爸爸妈妈和奶奶如何安慰小小兔避免吵醒自己。本节绘本课以任务为驱动，运用启发式问题链不断激发学生的阅读兴趣，在引领学生对绘本故事理解的同时，还引导他们关注核心语言的学习以及思维品质的提升。教师通过引导学生对绘本图片和文本进行观察和推理，培养学生的思维能力，引导学生理解文本的内涵，联系自己的生活实际，促使学生关注家人，进而达到理解关爱家人的德育目标。

2.教学目标

（1）语言能力和学习能力：学生能运用skim和scan等阅读技巧来理解绘本大意，找到关键问题的答案，关注故事主人公的行为以及学习新单词huffed and puffed、fluffed、snuggled等；能模仿录音，以正确的语音语调朗读故事，能在教师指导下写出自己对故事主人公的建议。

（2）思维品质：学生能够充分阅读理解绘本内容，发展读图预测、读文明理、挖掘语言内涵、深层理解、实际运用的思维品质。

（3）文化品格：通过阅读，对比不同的行为特征，学生能进一步懂得既要做好自己，又要关注家人，相互帮助的美好品格。

3. 教学重难点

（1）教学重点：学生能够借助图片和文本及教师的引导正确理解绘本内容及内涵，并完成相应的阅读练习，并能正确理解故事的文化内涵，习得正确的与家人相处之道。

（2）教学难点：学生能够正确理解双方人物的行为内涵，并输出正确的价值观及行为观。

4. 教学辅具

多媒体课件、音频文件

5. 教学过程

Step 1 Greeting and warm-up

Step 2 Pre-reading

（1）View the cover and predict.

①What do you see on the cover? ②Where were they? ③What were they doing? ④What is their relationship?

设计意图：请学生观察封面，说一说所看到的封面人物、地点、行为，猜测封面人物的关系，并预测故事的发展，提高学生的读图能力和看图猜测能力。

（2）View the pictures. Discuss and say.

设计意图：播放绘本图片，学生读图并讨论猜测故事内容。锻炼学生看图猜测及语言表达能力，建构主旨和线索。

Step 3 While-reading

（1）Skim and check.

What's the story about?

A. Little Bunny liked to build blocks but he wasn't allowed（允许）to.

B. Everyone thought Little Bunny was too noisy.

C. Everyone told little Bunny to keep quiet because Baby Bunny was sleeping.

D. Everyone liked Baby Bunny over Little Bunny.

设计意图：通过让学生浏览文本，初步理解文本，提炼文本的主题，佐证答案，培养学生的略读能力，初步构建框架，关注故事的开头。

（2）Scan and answer扫读文段，回答问题。

① How many times had Little Bunny been stopped by his family?

② Who stopped Little Bunny?

③ Why did they stop Little Bunny?

设计意图：通过让学生带着问题再次阅读文本，快速定位问题，培养学生的浏览能力。

（3）Read and match.

设计意图：引导学生细读文本，关注Baby Bunny睡觉时Little Bunny的行为，加深学生对故事细节的理解以及学习语言，加深印象。

（4）Read and underline. Read and find.

① What did Papa，Mama and Granny say?

② When Baby Bunny was sleeping，what were the other family members doing?

设计意图：通过让学生关注Baby Bunny睡觉时Papa、Mama和Granny的行为，引导学生聚焦人物行为的异同。

（5）Read and answer.

① How did Little Bunny feel?

② What happened that night?

设计意图：通过让学生关注Little Bunny的感受以及睡觉时Papa、Mama和Granny对吵闹的Baby Bunny的行为，引导学生对比双方的行为，提炼行为的显性内涵，在此过程中，学生对人物双方有了更深层次的理解，更关注故事的核心内容。

（6）Read and underline.

When Little Bunny was sleeping，what did Papa，Mama and Granny do?

设计意图：通过让学生关注Little Bunny睡觉时Papa、Mama和Granny的语言和行为，关注故事的结局。

（7）Listen and imitate.

设计意图：通过模仿发音，关注语音语调，培养学生良好的语音素养和朗读习惯。

Step 4 Post-reading

（1）Think and discuss.

① How would Little Bunny feel when he saw Papa, Mama and Granny saying "Shhh, Little Bunny is sleeping".

② Do you think they care about Little Bunny?

设计意图：小组合作，思维碰撞，深层理解，挖掘显性内涵，发展学生的思维。

（2）Think and share.

Have you ever met the same problem? How did you feel? What did you do?

设计意图：引导学生联系生活实际，让学生谈谈自己的实际感受，利用自己已有的知识储备进行尝试，培养学生的综合语言运用能力。

（3）Think, talk and write.

设计意图：通过教师引导，学生联系实际，为故事中的角色提供更好的解决方案，培养他们解决问题的能力（图3-4-2）。

What are your suggestions for the family?
Eg.I think Papa and Little Bunny can read stories together/go out to play...

I think XX can...
1.
2.
3.

图3-4-2　培养解决问题的能力

Step 5 Homework（reading log）

设计意图：会看绘本，梳理信息；评价判断，阐明观点；联系实际，语言运用。

6. 结束语

英文绘本阅读教学在小学英语教学中越来越受到重视。教师应在教学中，积极展开绘本阅读教学实践探究，根据教学实际运用不同策略尝试不同的教学模式，提炼最适合的方法，提高学生的综合语言运用能力，进而达到提升学生英语学科核心素养的目的。

第四章

基于STEAM理念的科学课堂教学新样态[1]

  小学科学与小学其他学科教学的本质区别在于，它包含着一种以观察和实验为基础的科学探究，将科学探究放在教学的核心地位，学会科学探究将是每个进入新课程的科学教师的首要任务。以下是我们科学学科基于STEAM理念的教学探究。

---

[1] 本章节由东莞外国语学校小学部张艳华老师撰写。

第一节　STEAM理念下的科学课堂教学新样态概述

STEAM是科学（Science）、技术（Technology）、工程（Engineering）、艺术（Arts）、数学（Mathematics）五门学科的英文缩写，集科学、技术、工程、艺术、数学多学科融合的综合教育。STEAM教育具有跨学科、趣味性、体验性、协作性、设计性、艺术性等核心特征，鼓励学生灵活地综合应用知识和技能去解决真实生活的问题。如何将STEAM理念教育融入小学科学课堂教学中，是值得教师深思的问题。

一、STEAM理念融入小学科学教学的意义

（一）激发科学学习兴趣

兴趣是最好的学习内驱力，科学兴趣能否提高在很大程度是上决定着学生科学学习的效果。STEAM理念下的科学课，可以更好地丰富学生的生活经验，将严肃的学习变得更生活化，激发和保护学生的好奇心，如五年级上册《设计与制作：人造"雪"景》，以一份来自玩具公司的项目邀请书，请学生为他们研制人造"雪"景模型的生产配方和营销方法，学生的探究欲望瞬间被激发，学习的动力也极大地提升了。

（二）提高解决问题的能力

经过十多年的课程改革，学生的科学素养有了较大的提升，但在技术素养和工程素养等方面没有受到足够的重视，而STEAM理念教育正好能弥补这一部分的缺失。在科学课中融入STEAM理念，让学生在真实情景中综合利用

各学科知识与技能不断提升自身解决问题的能力和创新能力。

（三）提升实验教学效果

实验教学在科学课上起着重要的作用，学生亲身体验科学实验研究的过程，掌握科学实验的探究方法。将STEAM理念融入科学课里，鼓励以项目式学习为主，整合科学教材的内容，把单元的科学知识、技能和实验融入一个项目里，能更加高效地达成教学目标和提升实验效果。如四年级上册《让更多的小灯泡亮起来》，用制作会发光的圣诞贺卡替换传统的电路连接，纸电路的实验更加高效且让学生深刻地理解串并联电路，实验材料简单，作品的可塑性高，实验效果明显。

二、STEAM教育视域下的科学教学新样态

（一）创设情境，明确任务，让学生的心动起来

科学来源于生活，生活蕴含着科学。基于STEAM理念下的小学科学教育应贴近现实生活，从真实世界的需求出发，富含真实性和生活性的问题让学生迅速联想到自身的生活经验，然而，仅凭学生的生活经验难以解决问题，更多地需要新知识的加入和将过往的知识进行统整。一边是解决新问题的渴望，一边是原有认知经验无法解决新问题的揪心，两种矛盾的情绪交织一起碰撞出"心动"的火花，更能调动学生的积极性，使学生由被动学习转化为主动研究，提高学生的学习内驱力。

以《玩转纸陀螺》为例，课程从生活中学生常玩的陀螺出发，用"来自玩具工厂老板的一封任务信"引起学生的关注，玩具工厂的老师想研发一款适合小学生玩的纸陀螺，要求设计一款旋转稳定且旋转时间长的纸陀螺。师生进行头脑风暴，探究纸陀螺的秘密，解决工业生产中如何改善产品的实际问题。

（二）设计方案，交流创意，让学生的头脑动起来

有了明确的学习情境后，学生需要对学习情境进行详细分析，调查了解已有做法，查阅相关的学习资料，学会使用相关工具，并通过探究理解相关概念，积累相关新的学习经验后，将学到的知识与技能运用到解决现实问题中。在设计方案前，教师出示评价表，合理的评价表能让学生明确设计方

向。接着，引导学生像工程师一样制定方案，方案不应该是唯一的，学生经过充分的思考、讨论和交流后，小组之间可以形成不同的解决方案，开放式的解决方案可以让学生在汇报的过程中相互学习，使学生的思维发生激烈的碰撞，产生创新的思维火花。

（三）建立模型，优化成果，让学生的手动起来

经过头脑风暴列出各种解决方案，师生共同探讨方案的可行性，不断地进行完善，将解决方案转换为建立模型。建立模型前，要选择合适的材料，正确的选择材料对于把产品成功地推向市场具有重要的指导性意义，应从多方面进行考虑，如材料的成本、安全性、环保性和是否容易获得等方面。建立模型时，结合前期学到的新的知识与技能，将其运用到模型建立中，将科学、技术、工程、数学有效地融合在一起，有效地提升学生发现问题和解决问题的能力。小组成员间相互合作，发挥所长，寻找材料、绘制图表、搭建模型、测试模型、分析问题、调整方案、完善模型等都是由学生自主合作完成的，这极大地激发了学生的创造性和积极性。

教师辅助学生搭建"脚手架"，经过一系列的测试后，记录现象，分析不足，改进模型。通过小组间的展示与交流，了解其他小组的探究过程与结果，对他人的研究结果进行合理的评价，发现他人模型的优点与缺点，反复修改设计方案，制作出更好的模型，再次测试。在一个反复迭代的过程中让学生体验到科学探究的复杂性，但同时也让他们发现科学探究的趣味性与无限的可能性，亲身经历不断探究的过程，学生的动手能力与思维能力会逐渐地发生质的改变。

三、结语

将STEAM理念融入科学课里，不再是单一地学习某一学科的知识，而是学生综合利用各个学科的知识，将科学、技术、工程、艺术、数学有效地融合在一起。STEAM教育的特点就是以真实情境为背景，有针对性地进行问题解决，STEAM的项目式学习给学生极大的学习空间和创造空间。学生在体验式的创作中不断地深化科学知识理解，无意中又"有意"地进行了科学知识的学习。通过参与、合作、创新和分享，学生既能像科学家一样探究，也能像工程师一样做产品。

把STEAM理念融入小学科学教学中，从真实的问题背景出发，融合科学、技术、工程、艺术和数学学科的知识与技能，使学生在实践中实现深层次的学习，真正提升学生各方面的技能和认识，更有效地培养学生的高阶思维、问题解决能力和创造能力，对改革教育有着多方面的启示。

第二节　STEAM理念的科学课堂教学新样态课例

案例一：创意纸电路——中秋贺卡

（一）课程背景

中秋节即将来临，广告公司向我校征集会发光的中秋贺卡创意稿，不仅要求中秋贺卡利用纸电路至少点亮两盏LED灯，并且还要求贺卡整洁美观、构图恰当、色彩鲜明、创意十足、成本合理，希望同学们充分利用身边的资源，被采纳的中秋贺卡将有机会大量生产投入市场上销售。

STEAM活动来源于生活，以"来自广告公司的一封任务信"，赋予学习情境以生活性和真实性。学生从现实生活中寻找合适的材料，通过"动手做"探究如何在中秋贺卡上添加合适的灯光。改变传统的现象教学导入，以真实世界的需求为出发点，更能调动学生的积极性，使学生由被动学习转化为主动研究，提高学生的学习内驱力。

（二）课程流程图

具体的课程流程图，如图4-2-1所示。

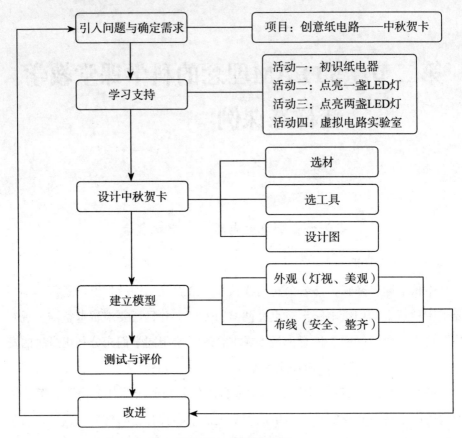

图4-2-1　课程流程图

（三）课程目标

1. S（科学）

（1）辨别纽扣电池和LED的正负极。

（2）知道LED的单向导电性。

（3）认识组成简单电路的基本元件。

（4）理解闭合回路和串并联电路的概念。

2. T（技术）

（1）用图示法绘制电路的连接方式。

（2）能够用正确的方式连接电路，点亮LED灯。

3. E（工程）

（1）设计并制作以中秋为主题的纸电路贺卡。

（2）通过测试，不断改进优化产品。

4. A（艺术）

（1）设计及装饰中秋贺卡的外观。

（2）美化电路的布线。

5. M（数学）

合理地规划电路的布线和计算制作成本。

（四）课程计划与内容

课程计划与内容，如表4-2-1所示。

表4-2-1　课程计划与内容

课时安排	课题名称	课程内容	解决问题	能力要求
第一课时	点亮一盏LED灯	初步认识纸电路，掌握纸电路的使用方法，尝试用纸电路点亮一盏LED灯	引起学生的兴趣，思考如何点亮LED灯，理解闭合回路的概念	绘制电路图实验探究模型制作
第二课时	点亮两盏LED灯	学习用不同的方式点亮两盏LED灯，认识串并联电路及其特点	用闭合回路的概念解释串并联的原理，从知识本位走向核心素养	绘制电路图实验探究模型制作
第三课时	制作中秋贺卡	分析广告公司的要求，选择合适的材料设计并制作中秋贺卡模型，思考如何用最优的方式在中秋贺卡上点亮两盏LED灯，计算其材料成本，向广告公司介绍并展示中秋贺卡的"亮点"	培养学生设计、分析、合作和综合知识解决实际问题的能力，树立"学以致用"的意识，将科学知识生活化	分析规划模型设计图模型创作表达交流改进反思

（五）教学过程

1. 项目导入

STEAM的活动设计强调真实性和情境式，摒弃"直陈式"的灌输学习，"一封广告公司的信"让学生与社会紧密联系，学生化身为"乙方"角色，充分了解"甲方"和市场的需求。此时，学生有强烈的学习兴趣想要了解什么是"纸电路"，带着问题进入项目式学习，让学生主动积极地投入学习，真正地成为学习的主人。

2. 制订计划

让学生搜集资料，小组讨论，针对广告公司的要求提出问题，做出相应的计划。

（1）学生在讨论时提出的问题。

① 贺卡的组成和款式有哪些？什么样的中秋贺卡才会有卖点？可以增添哪些中秋元素？

② 什么是纸电路？纸电路的材料有哪些？

③ 怎样才能点亮LED灯？其原理是什么？

（2）通过查阅资料，师生进行头脑风暴，在教师的组织下进行学习计划。

① 了解纸电路及其电路搭建，尝试点亮一盏LED灯。

② 掌握纸电路的方法后，进一步提升难度，让学生思考如何点亮两盏LED灯。

③ 选择合适的材料制作中秋贺卡模型，绘制电路图，在恰当的位置点亮LED灯，向他人展示中秋贺卡。

3. 活动探究

活动一：初识纸电路

（1）介绍：什么是纸电路？纸电路是利用导电胶结合LED灯等元件，直接在纸上构建电路，可以进行各种趣味电路创作，以安全便捷寓教于乐的方式实现各种奇思妙想！

（2）思考：简单电路由哪些部分组成？纸电路的元件有什么特点呢？

（3）汇报：纸电路的材料由纽扣电池、LED灯和导电胶组成，其中纽扣电池平面为正极，凸面为负极；LED灯长脚为正极，短脚为负极（图4-2-2）。

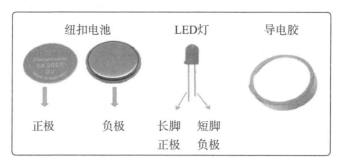

图4-2-2　纸电路的材料

活动二：点亮一盏LED灯

（1）思考：如何利用纸电路的材料点亮一盏LED灯？

（2）活动：把纽扣电池和LED灯打印出来，学生自由摆放，贴在记录单上，用笔替代导电胶进行连线，绘制电路图，并说出电路这么连接的理由。

（3）探究：根据电路图，尝试点亮一盏LED灯，分析LED灯被点亮的奥秘，抛出闭合回路的概念，引导电流的流动方向。

（4）引导：结合全班点亮一盏LED灯的成功与失败例子，利用闭合回路的概念分析成功与失败的原因，强化学生对闭合回路的认识。

（5）总结：点亮一盏LED灯需要使电路形成一个闭合回路，利用导电胶把纽扣电池的正极与LED灯的正极连接，把纽扣电池的负极与LED灯的负极连接（图4-2-3）。

图4-2-3　点亮一盏LED灯

活动三：点亮两盏LED灯

（1）思考：如何让两盏LED灯同时亮起来？

（2）活动：把纽扣电池和LED灯打印出来，学生自由摆放，贴在记录单上，用笔替代导电胶进行连线，绘制电路图，并说出操作想法。

（3）探究：根据电路图，尝试点亮两盏LED灯，分别用串联（图4-2-4）和并联（图4-2-5）的方式点亮，分析电流的流动方向，利用闭合回路的概念分析LED灯被点亮的原因，引出串联电路和并联电路的概念。

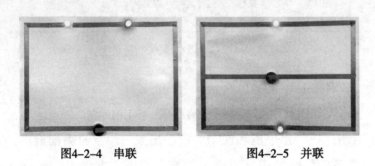

图4-2-4　串联　　　　　　　　　图4-2-5　并联

① 提问：串联电路和并联电路有什么特点呢？两种不同的连接方式有什么不同呢？

② 探究：尝试取下其中一盏LED灯，观察另外一盏LED灯有什么变化。

③ 汇报：展示观察结果，提出分析理由。

④ 小结：串联和并联的连接方法都能使两盏LED灯同时亮起来，但是串联电路只有一条闭合回路，当取下一盏LED灯时，另外一盏LED灯会熄灭；而并联电路有两条闭合回路，取下一盏LED灯时，另外一盏LED灯依然能亮。

活动四：虚拟电路实验室

（1）巩固：利用PhET虚拟实验室的"电路组建实验"强化学生对电路知识的学习。

（2）活动：用虚拟实验室演示短路、点亮一个灯泡、串联和并联的连接方法，观察电流的流动方向和灯泡的亮度（图4-2-6）。

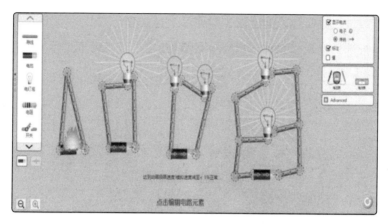

图4-2-6　直流虚拟实验室

4. 作品制作

（1）设计：结合前期调查市面上的中秋贺卡模型，针对广告公司的要求，初步规划与设计中秋贺卡的外观、LED灯摆放的位置和布线。

（2）选材：根据设计方案和材料成本单，了解活动所需材料的成本（表4-2-2），建立控制工程成本的意识。接着，小组讨论选择合适的工具与材料制作中秋贺卡。

表4-2-2　材料成本单

材料名称	单价	材料名称	单价
A4大小卡纸	1元/张	双面胶	2元/卷
LED灯	0.5元/盏	透明胶	2元/卷
纽扣电池	0.5元/个	剪刀等工具	免费
导电胶	0.5元/米	自带材料每件一律1元	

（3）制作：小组分工合作，共同安装制作，建立中秋贺卡模型，绘制电路图，选择合适的连接方式点亮两盏LED灯。

5. 成果交流

（1）展示：各组用3分钟展示并介绍中秋贺卡模型（图4-2-7和图4-2-8），可从设想、外观、纸电路的连接方式、成本等多方面进行介绍。

（2）点评：师生对各个小组的中秋贺卡模型进行点评、打分。

（3）改进：倾听他人的建议，对作品进行修改。

（4）推选：全班投票评选出得分最高的3个小组代表班级参加广告公司的邀请活动。

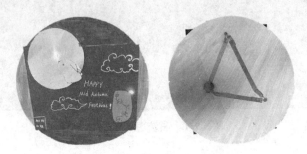

图4-2-7　中秋贺卡模型（串联）

图4-2-8　中秋贺卡模型（并联）

案例二：蚕宝宝成长记

（一）课程背景

养蚕是古代中国劳动人民的重要技艺，相传起源于黄帝时期。每年的春天是养蚕的好季节，以养蚕为主题，让学生经历完整的养蚕活动，获得养蚕的知识，感受生命的伟大，同时培养了学生自主管理和科学探究的能力。除去对生命的"格物致知"，还可以增进亲子之间的沟通，是一个十分不错的STEAM课程。

在粤教版的科学教材里，要求学生饲养蚕，在饲养的过程中观察和记录蚕的成长过程，但这仅仅停留在认识蚕的阶段。其实，饲养蚕宝宝的课程从STEAM的理念出发，可以从多角度对蚕进行研究，如科学方面认识蚕的一生，技术方面掌握养蚕的方法和如何进行科学探究，工程方面利用蚕茧制作工艺品，艺术方面美化蚕茧工艺品，数学方面测量蚕的体长。学科之间有机整合，优势互补，避免了各自为政的分隔态势，为提升学生的综合素质，促进学生的终身发展打好基础。

（二）课程目标

1. S（科学）

（1）知道蚕的一生要经历卵、幼虫、蛹和成虫四个不同的阶段。

（2）了解蚕的身体结构。

2. T（技术）

（1）初步掌握养蚕的方法。

（2）能用简单的工具观察蚕的形态变化，并通过文字、图画、照片等方式记录观察结果。

（3）初步了解探究的方法。

3. E（工程）

（1）利用蚕茧等材料制作蚕茧工艺品。

（2）搭建蚕宝宝的饲养盒。

4. A（艺术）

（1）美化装饰蚕茧工艺品。

（2）设计蚕宝宝成长记录本。

5. M（数学）

测量蚕宝宝各个阶段的身体体长。

（三）课程流程图

课程流程图，如图4-2-9所示。

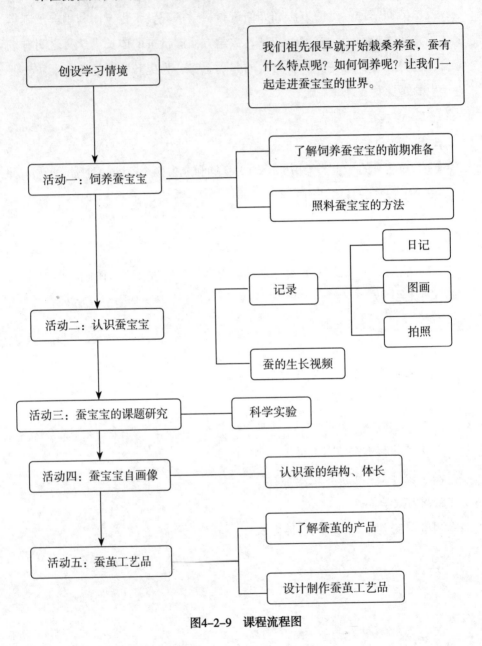

图4-2-9　课程流程图

（四）课程计划与内容

课程计划与内容，见表4-2-3。

表4-2-3　课程计划与内容

课程安排	课题名称	课程内容	解决问题	能力要求
第一阶段	饲养蚕宝宝	了解饲养蚕宝宝的前期准备和饲养方法	引起学生对蚕宝宝的好奇，指导学生正确地饲养和管理蚕	解决问题动手制作
第二阶段	认识蚕宝宝	通过多种方式记录、认识蚕宝宝的各个阶段的特征	认识蚕的一生要经历卵、幼虫、蛹和成虫四个不同的阶段，培养学生敏锐的观察能力和持之以恒的毅力	制订计划观察记录测量计算
第三阶段	蚕宝宝的课题研究	了解科学探究的方法，对蚕宝宝进行课题研究	培养学生乐于与他人合作，自主探究的研究精神，像科学家一样做研究，初步学习科学探究的方法	科学探究对比分析交流汇报
第四阶段	蚕宝宝自画像	科学地测量蚕宝宝的体长和绘制蚕宝宝的身体特征	认识蚕的幼虫阶段身体主要由头胸腹三部分组成。学习观察的方法，提高观察能力	观察记录有序观察表达交流
第五阶段	蚕茧工艺品	收集蚕茧，制作蚕茧工艺品	学会合理规划设计蚕茧工艺品，培养学生的动手能力和合作精神	分析规划模型制作表达交流

（五）教学过程

1. 项目导入

一封来自学长学姐的《饲养蚕宝宝》邀请函（图4-2-10），瞬间引起学生的强烈反应，结合过往开展关于蚕的活动的照片和视频，给学生一种"身临其境"的感觉，学生迫不及待地想马上行动起来。

亲爱的学弟学妹们：

　　你们好，我们是五年级的学长学姐。去年我们在老师的组织下，做了一件令我们震撼无比的事情，我们拥有了我们的"孩子"——蚕宝宝，我们一起照料它们，研究了它们的喜好，给它们作画，用它们的外壳做工艺品，等等。现在，蚕妈妈又产下了很多的蚕卵宝宝，我们想请学弟学妹继续饲养新一批蚕卵宝宝，把这份美好一直传承下去，感悟生命的神奇伟大。我们还把饲养宝典记录下来交给了老师。你们能接受这份挑战吗？

图4-2-10　邀请函

　　以往开展养蚕活动时，学生一开始十分耐心，充满激情，但随着蚕宝宝不断产卵的问题，慢慢地有很多学生都弃养蚕宝宝了，因为他们不知道如何处理大批的蚕卵。如果以"传承"的方式，把蚕卵放至冰箱合理保存，等待明年春天的时候交给下一届学生，这样就很好地解决了蚕卵的问题，更重要的是让学生懂得珍惜生命，延续对生命的尊重，传承着他人的希望与爱。

2. 制订计划

　　通过查阅资料，师生进行头脑风暴，在教师的组织下学生进行了学习计划的制订。

　　（1）了解饲养蚕宝宝的前期准备，如饲养盒、桑叶、结茧网等。

　　（2）掌握饲养蚕宝宝的方法，对蚕宝宝的生长过程采用多种方式进行记录，如拍照、观察日记和画画等，进一步了解蚕宝宝的身体结构。

　　（3）初步了解科学探究的方法，对蚕宝宝进行小课题研究，如蚕喜欢什么颜色，蚕喜欢什么食物，等等。

　　（4）了解现代的蚕丝产品。收集蚕茧，亲自动手制作蚕茧工艺品，并挑选最大和最小的蚕茧进行展览。

3. 活动探究

活动一：饲养蚕宝宝

　　（1）提问：教师列举饲养过程中遇到的问题。

　　（2）阅读：发放学长学姐的"饲养蚕宝宝宝典"，让学生带着问题从资料中找出相应的答案。

（3）交流：师生针对蚕宝宝饲养问题进行讨论交流。

（4）活动：分发蚕卵和少量桑叶，用放大镜观察蚕卵，记录蚕卵的特征。回家后，开始进行蚕宝宝饲养活动，制作饲养盒（图4-2-11）和准备桑叶，定期补充新鲜桑叶和处理排泄物。

图4-2-11 制作饲养盒

活动二：认识蚕宝宝

（1）记录：坚持用不同的方式对蚕宝宝的生长过程进行详细记录，建议单独饲养一只到两只蚕，再针对单独饲养的蚕进行记录。教会学生记录和测量体长的方法，并用图文并茂的方式写观察日记（图4-2-12）；如果是不擅长画画的学生，建议用文字加拍照的方式进行记录。

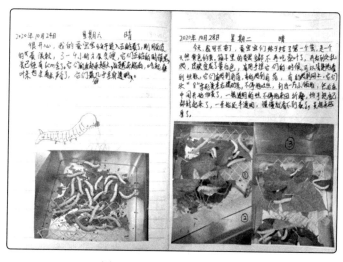

图4-2-12 蚕宝宝观察日记

（2）交流：定期展示学生的记录，鼓励学生坚持记录，随时反馈饲养过程所遇到的问题。师生交流如何判断蚕处于哪个阶段，每个阶段蚕有什么特征，可以针对性地进行观察记录。

活动三：蚕宝宝的课题研究

（1）讨论：在饲养蚕宝宝的过程中，学生产生了很多的问题，小组讨论后，学生大胆发言，将学生的问题有序地归类，进行课题研究。

（2）问题：①蚕除喜欢吃桑叶外，还喜欢吃什么食物？②蚕喜欢什么颜色？③如何抽蚕丝？④蚕有没有嗅觉？⑤蚕有没有视觉？

（3）交流：经过教师筛选后，确定了几个可研究的课题。接着，学生进行选题，选择同一课题的学生讨论如何进行研究，写出研究方案。

（4）活动：教师介绍科学研究的方法，说明研究的注意事项。学生课后以个人或小组的形式对所选的课题进行研究。

（5）展示：以PPT、手抄报、视频等形式分享探究成果（图4-2-13）。

 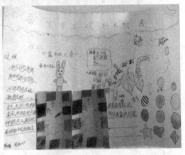

图4-2-13 蚕宝宝课题研究成果展示

活动四：蚕宝宝自画像

（1）交流：结合之前对蚕宝宝的观察记录，学生分享对蚕宝宝的身体特征有哪些了解和疑问，教师对学生的分享进行指导和整理。

（2）活动：将四龄或五龄阶段的蚕宝宝带回学校，在课堂上进行看蚕、画蚕（图4-2-14）、说蚕的活动，了解蚕的身体主要特征。给蚕作画时，强调科学性。

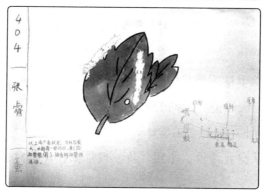

图4-2-14 蚕宝宝自画像

活动五：蚕茧工艺品

（1）介绍：展示蚕茧所制作的现代产品，如蚕丝被、蚕丝面膜、蚕丝丝巾等。

（2）观看：观看抽蚕丝的视频，了解抽蚕丝工艺。

（3）展示：上一届学生制作的蚕茧工艺品图片。

（4）活动：收集蚕茧，小组分工合作制作蚕茧工艺品，对蚕茧工艺品进行美化装饰。同时，收集最大和最小的蚕茧用于评选蚕茧王和迷你茧。

（5）展示：每个小组介绍自己组内的蚕茧工艺品，班级内进行投票，每班推选十件工艺品参加校园蚕茧工艺品作品展（图4-2-15），最后由学生投票，评选校园十佳蚕茧工艺品。

图4-2-15 蚕茧工艺品作品展

4. 成果分享

（1）汇报：学生整理项目的所有资料，以PPT、口头表达和图片展示等形式分享"蚕宝宝成长记"活动的收获，编辑一份新的《饲养宝典》和保存一批新的蚕卵送给下一届的学弟学妹。

（2）评价：从自我评价、小组评价、教师家长评价对整个活动过程进行合理评价。

（3）总结：教师整理项目过程的照片、视频和学习记录单等，制作成视频给学生观赏，进行结课总结。

案例三：红蓝3D眼镜

（一）课程背景

电影《阿凡达》把我们带入了3D时代，让我们领略到了立体世界的美。近年，随着3D电影的出现，3D电影眼镜也成了市场上炙手可热的时髦产品，观影需求的激增使3D眼镜受到热烈追捧，一时间市场上的各类3D眼镜也瞬间"火热上线"。

可是，市面上的3D眼镜存在着一些缺点，如款式简单、规格单一和多人使用。所以，我们尝试自己研发一款适合自己的3D眼镜，实现宅家也能看3D电影的目标。

（二）课程流程图

课程流程图，如图4-2-16所示。

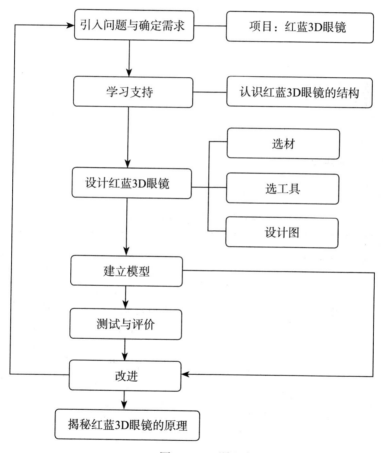

图4-2-16　课程流程图

（三）课程目标

1.S（科学）

（1）滤光片是用来选取所需色光的光学元件。

（2）3D眼镜的原理是人的左眼和右眼分别看到不同的图像形成色差，经过大脑对视差的处理后形成了立体图像。

2. T（技术）

（1）能够具有初步的设计能力和工程绘图能力。

（2）合理裁剪3D眼镜的镜框，正确粘贴红蓝滤光片。

3. E（工程）

能够按照设计图纸完成红蓝3D眼镜的制作，并在制作过程中调整改进3D眼镜。

4. A（艺术）

（1）装饰美化3D眼镜的镜框。

（2）欣赏3D电影及3D图片。

5. M（数学）

测量并计算制作红蓝3D眼镜的尺寸。

（四）课程计划与内容

课程计划与内容，如表4-2-4所示。

表4-2-4　课程计划与内容

课时安排	课题名称	课程内容	解决问题	能力要求
第一课时	设计红蓝3D眼镜	认识3D眼镜的种类和结构，为他人设计一副红蓝3D眼镜	体验3D眼镜所带来的神奇效果。综合分析讨论后，规划如何设计一副适合他人的3D眼镜	绘制设计图分析规划测量计算
第二课时	制作红蓝3D眼镜	选择合适的材料和工具为他人制作一副红蓝3D眼镜，展示制作好的红蓝3D眼镜	将科学、数学、工程与技术等融合在制作3D眼镜的过程中，让学生在做中学，在做中思，像工程师一样不断地改进自己的产品	模型制作改进优化表达交流
第三课时	红蓝3D眼镜的秘密	了解红蓝3D眼镜的原理，佩戴制作好的3D眼镜欣赏一部3D电影	将红蓝3D眼镜和3D电影结合起来，回归生活，了解3D电影的原理，做到真正的知识"落地"	发现问题分析对比表达交流

（五）教学过程

1. 项目导入

电影《阿凡达》把我们带入了3D时代，如果你和同学在家想看《阿凡达》，却没有3D眼镜的设备，你们能互相制作一副适合对方的3D眼镜吗？赶快动手试一试。

2. 制订计划

（1）师生讨论，提出与项目有关的问题。

① 3D眼镜由哪些部分组成？

② 制作时所需的材料和工具有哪些？

③ 如何正确为他人测量3D眼镜的尺寸？

④ 3D眼镜的原理是什么？

（2）通过查阅资料，师生进行头脑风暴，学生在教师的组织下制订了学习计划。

① 了解3D眼镜的组成，为他人测量出3D眼镜的尺寸并画出设计图。

② 寻找合适的材料制作3D眼镜。

③ 测试并展示3D眼镜模型，了解3D眼镜的原理。

④ 佩戴着3D眼镜欣赏一部3D电影。

3. 活动探究

活动一：设计3D眼镜

（1）交流：了解3D眼镜的主要组成部分有镜片和镜框。市面上的3D眼镜种类有红蓝3D眼镜、偏光3D眼镜和快门式3D眼镜，本次主要研究红蓝3D眼镜。

（2）测量：为同桌测量镜框和镜片的尺寸，需要测量双眼间的距离、眼睛到耳朵的距离、眼镜的大小等参数。

（3）活动：画出红蓝3D眼镜的设计图（图4-2-17）。

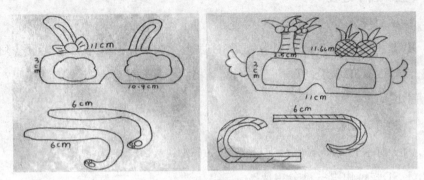

图4-2-17　红蓝3D眼镜设计图

活动二：制作3D眼镜

（1）选材：选择合适的材料和工具。

（2）活动：根据设计图，制作红蓝3D眼镜，注意开孔的方式，粘贴上红蓝滤光片（图4-2-18）。

图4-2-18　制作红蓝3D眼镜

4. 测试与改进

（1）测试：佩戴同桌制作的红蓝3D眼镜观看3D图片，感受是否出现立体效果和佩戴是否舒适等。

（2）改进：采访佩戴者的试戴感受。在小组内分享，倾听别人的建议进行下一步改进。

5. 成果展示

（1）展示：红蓝3D眼镜的设计师和佩戴者一同上台展示（图4-2-19），介绍其设计的理念、亮点和佩戴者的感受。

图4-2-19 红蓝3D眼镜模型展示

（2）评价：教师和学生共同点评红蓝3D眼镜模型，并给予相应的建议和评语，填写评价表（表4-2-5）。

表4-2-5 评价表

内容		分值（满分100分）	评分
设计方案	设计图	10分	
	美观性	10分	
	完整性	10分	
	汇报表达	10分	
测试效果	佩戴舒服，不松动	15分	
	质量较好，不易坏	15分	
	外观好看，有创意	15分	
	看图清晰，不模糊	15分	

（3）探究：揭秘红蓝3D眼镜的原理，分析3D图片的特点。分别用肉眼、红色滤光片和蓝色滤光片观察3D图片，分析看到的图像位置和数目，大胆提出其想法。

（4）总结：红蓝3D眼镜的原理是当用红色滤光片看3D图片时人的左眼出现一个画面，当用蓝色滤光片看3D图片时人的右眼出现另一个画面，左右眼分别看到不同的图像形成偏差，经过大脑对信息的处理后形成了立体图像。

（5）观影：学生佩戴同桌制作的红蓝3D眼镜模型欣赏3D电影。

第五章

"全课程"视域下小学教育教学评价创新

　　评价，是一把双刃剑。为了更好地规避评价所带来的负面效应，我校近几年尝试了新的评价方式：游考评价、"莞外"秀台、期末课本剧等。开展这些评价的目的在于：一是规避原来评价所带来的消极效应；二是发现、发展学生的个性化特长；三是以新的方式、新的情境，以更加开放的样态开展评价，有利于激发和培养学生在原有评价中所不具有的能力、素养。

第一节 评价改革的"莞外"表达

几年来，东莞外国语学校小学部以"培养全面发展的人"为教育目标，积极探索教育教学改革，积累、提炼了不少鲜活、高效而又富有"莞外"特色的教育教学评价改革经验。

一、教育教学质量从单一评价向多元性评价转向

（一）教师教育教学效果评价由个体评价向团队评价转向——备课组教学质量评价

改革以往以评价教师个体带来的负面效应——单兵作战，以备课组为单位采取捆绑式的团队评价，评价从学科成绩、日常教研、团队协作三大方面进行。为了防止"集体躺平"，我们规定了只有"高位均衡发展"才可以得到优秀。

这样做的目的，克服了"单兵作战"的弊端，老师们只有通过集体努力，做好集体备课、集体教研、集体面对困难才可以更好地抱团发展。

（二）学科成绩终结性评价由一张试卷向多项评价转向——学科专项过关

（1）语文学科：低年级的拼音过关、生字过关、绘本讲述过关，中年级的主题片段写话、阅读分享过关，高年级的整本书阅读、命题作文过关等。

（2）数学学科：低年级的听算过关、乘法口诀过关，中年级的听算、问题解决思路和表达过关，高年级的问题解决、计算过关等。

（3）英语学科：低年级的口语交际过关，中年级的单词过关，高年级的英语短文写作等。

（4）其他学科：综合实践、作品创作代替评价，如科学学科的小制作、

小实验，美术学科的命题绘画，音乐学科的即兴说唱，体育学科的单项技能测试等。

（三）一、二年级改革以往的纸质测试向游考评价转向——游考评价

严肃、枯燥的试卷纸质评价往往不适宜刚从幼儿园升到小学的学生，为此几年来，我们开展了学生喜欢、家长欢迎的评价方式——游考评价。老师们创设了"森林畅游主题乐学嘉年华""魔法学校大闯关"等情境，让学生们选择扮演自己喜欢的角色，参加游考闯关游戏，如一年级语文的趣味游考创设了花间采蜜、丛林探险、灌木寻宝、林间燕语、奇境漫游、绿野仙踪等有趣、好玩、富有探索意味的情境，激发学生参加游考的热情。使考试不再成为负担，而是一项开心、幸福、令人神往的儿童趣事。

二、教育教学评价由终结性评价向过程性评价转向

从关注终结性评价向过程性评价转向，发现学生学习过程的精彩，使学生在成长过程中获得更大程度的鼓励、正能量，从学期末的一次评价鼓励转向日常激励，让学生每天都能感受到成功的喜悦。

（一）学生作业作品化——日常激励

学生作业作品化，就是重视学生日常的激励，把学生的作业以一幅作品的形式呈现，供大家欣赏、评价，这样的做法同时也淡化了教师的评价，改由同学互评，激发大家共同参与的热情。

例如，语文学科，学生阅读了《丑小鸭》，可以这样布置作业：你能用一幅作品描述丑小鸭的变化过程吗？可以写话表达，可以创作绘本等。数学学科学习完《因数和倍数》，作业是这样的：你有什么话跟同学们、爸爸妈妈说呢？可以是手抄报、童话创作、数学日记等，告诉你的朋友和亲人你学习后的感受。然后将学生的作品在班级展示、交流，由同学们一起评选出一定比例的最佳作业。

（二）"莞外"秀台秀出精彩——全员参与

每周的升旗仪式结束后，我们学生展示的机会就来了——"莞外"秀台。

"莞外"秀台，是一场班级集体秀，展示学生当下的学习效果，如"建党100周年庆"，每周有一个班级展示阅读《红岩》《小兵张嘎》《二小放牛郎》

等的感受，班级以诗歌、舞蹈、戏剧等形式展示出来，接受全校师生的检阅。

（三）教育戏剧全身心学习——全程投入

教育戏剧，不是教学生学习戏剧表演，而是让学生用戏剧学习。戏剧学习是一种热身学习、具身学习，它需要学生调动人的所有感觉细胞全身心参与学习，是一种全方位检验学生学习效果的一种有效模式。

整本书阅读《夏洛的网》，学生的阅读效果如何呢？我们开展了一系列的实践活动，从阅读、辩论到戏剧表演，完成了一个系统的学习，学生的学习过程本身就是一个很好的检测评价过程（图5-1-1）。

图5-1-1 《夏洛的网》成果展示

2021年3月，小学部举行了"让阅读插上戏剧的翅膀"首届校园课本剧展演活动。

一年级的《小孔雀》课本剧表演快乐、活泼，诠释动物们友谊的珍贵。

二年级的《丑小鸭》把自信和善良，表现得淋漓尽致！

三年级的《夏洛的网》用戏剧的方式演绎文字世界，在夏洛和威尔伯的故事里，体验着朋友之间交往带来的困惑与欢乐。

四年级的《海的女儿》，从小人鱼身上学会如何超越自己，做自己的英雄。

五年级的《长恨歌之君臣博弈》带领观众穿梭时间隧道，令人忘却今夕何夕。

六年级的压台表演《园子》，诠释这个充满生命活力、文化厚重、能战胜一切困难的园子，名字叫作中国！

教育戏剧，是具身学习，是一次全方位的评价。

每个班级的教育戏剧的演出，经历阅读书籍—创作剧本—竞选角色—排练—登台—演出后总结六个阶段，整个学习过程历时一个多月，甚至更长，每个学生都全身心地参与其中，自信、大方、投入地表演，哪怕是扮演一个道具角色，同学们都十分认真。我们不评价哪一个节目优秀，而是更注重全程、全身心参与学习的过程，更注重每个角色。学生深刻地体会到合作的重要性：重要的主角，伟大的配角。

三、学生个体评价由封闭式评价向开放性评价转向

（1）打破百分制评价。由等级评价淡化分数带来的过度竞争效应。

（2）争做博雅好少年。博雅少年要求不但要学习好，而且要做具有广阔视野、身心健康、文明优雅的孩子，打造的是未来合格公民的形象。

（3）学科之星、小达人评选充分凸显学科扬长。通过语文阅读之星、数学智慧之星、英语小达人、科学小达人、音乐小达人、美术小达人、体育小达人、信息技术小达人等评选，充分呵护学生兴趣爱好、个性特长的发展。

总之，我们的评价从单一走向多元，从终结性走向过程性，从封闭式走向开放性，我们看到了"莞外"学子阳光自信，乐于学习，全面发展，看到了"莞外"的老师朝气蓬勃，团结友善，积极奋进。

第二节 喜闻乐见的游考评价①

游考，是新兴的一种评价方式，近年来我们把它引入小学低年级的期末考试中，这种开放、多元的游考评价方式得到了家长的肯定，受到了学生的欢迎。

一、游考的内涵及意义

游考，是让孩子在自己喜欢的情境中以一种游戏、活动的方式对所学知识、技能和综合能力开展的一次综合考评。这样的考评，具有积极的现实意义。

（一）有利于幼小衔接的顺利过渡

学生从幼儿园进入小学，在心理上很难快速适应小学的学习生活，特别是面对紧张、高效的期末考试，而游考的形式，既符合低年级学生的学习心理，又能实施有效的考核评价，可谓一举两得。

（二）突破"纸笔测试"的局限

游考评价在开放的情境中有着与"纸笔测试"截然不同的地方，学生首先要具备一定的知识、技能，同时更需要具有听说读、实验、口语交际、团队合作等能力，而面对活动场景还需要具备选择、调控、临场发挥等综合实践能力，承载了纸质测试所不具备的一些能力测试，具有很好的拓展、补充之功效。

（三）与"双减"精神吻合、呼应

苏霍姆林斯基说："不能把小孩子的精神世界变成单纯的学习知识。如

---

① 本章节由东莞外国语学校小学部王金发老师根据低年级的游考评价活动撰写、整理。

果我们力求使儿童的全部精神力量都专注到功课上去，他的生活就会变得不堪忍受。"游考评价既减轻了学生的负担，又丰富了学生的精神世界，做到了"减负提质"，与"双减"精神相呼应。

二、游考的形式与内容设置

（一）游考的形式

游考的形式，我们创设了学生喜欢的或者是紧扣学生刚刚所学知识的情境开展，如2019年的"森林畅游主题乐学嘉年华"，2020年的"魔法学校大闯关"，2021年的"森林动物大派对"。学生们扮演各自喜欢的角色参与自己喜欢的活动，开心极了，他们都说："这个不是考试，是个开心派对。"

（二）游考的内容

不同的学科，游考的内容有着不一样的设置。下面以一年级的各学科为例。

1. 一年级语文趣味游考

（1）花间采蜜——认读识字表的生字词。

游戏规则：学生随机抽取10朵印有生字的花朵卡片。要求学生正确、响亮地读出卡片上的生字。

评价标准：五星评定，要求全部正确，速度快，声音响亮。其他：每错2个扣一颗星星。速度较慢、声音小的酌情扣一颗星星。

（2）丛林探险——看拼音，写词语。

游戏规则：学生先在丛林中选取一片树叶——印着5组带拼音的田字格。在指定位置坐下，2分钟内正确书写出5个词语。

评价标准：五星评定，要求书写全部正确，字迹工整美观。其他：每错2个字，扣一颗星星；字迹潦草的酌情扣一颗星星。

（3）灌木寻宝——音序查字法考核。

游戏规则：9个学生为一组，组长在灌木中随机挑选一个编号宝藏箱。使用新华字典，在宝藏箱相对应的宝藏纸上填写出页码、音序、音节、组词。

评价标准：五星评定，其中五星要求答案正确，速度快；四星要求能找到相近页码，速度较快；三星要求能找到音序和音节，页码不正确；二星评价只找到音序。另外，速度较慢的酌情扣一颗星星。

（4）林间燕语——朗读课文精彩文段。

游戏规则：在树林随机挑选一只编号燕子。学生化身为燕子，朗读出编号燕子相对应的文段。

评价标准：五星评价，要求朗读时感情饱满，流利响亮。其他：从感情饱满、声音响亮、语速流利、自信大方等方面打出不同等级的星星数量。

（5）奇境漫游——看图说话。

游戏规则：在森林险境中，随机挑选一幅图画，根据图画表达图画内容。

评价标准：五星评价，要求表达内容完整清楚、流畅，声音清楚响亮，正确无误。其他：从内容完整、语句通顺、声音响亮、语速流利、自信大方等方面打出不同等级的星星数量。

（6）绿野仙踪——背诵晨读文本内容。

游戏规则：学生随机挑选《绿野仙踪》电影中的一个角色，背诵出角色相对应考核篇目的内容。

评价标准：五星评价，要求背诵内容准确、感情饱满、流利响亮。从内容准确、感情饱满、声音响亮、语速流利、自信大方等方面打出不同等级的星星数量。

2. 一年级数学趣味游考

（1）计算天地——口算速算。

游戏规则：测试个别进行，教师出示口算卡片，学生口答，每位学生口答10道口算。

评价标准：10星，全部正确，口算迅速。每算错一道圈出1颗星。

（2）智慧城堡——比较大小。

游戏规则：每次测试10名学生，每名学生到指定的桌子上阅读题目，并用"√"道具选出答案，每位学生完成2道题目。

评价标准：10星，全对，回答迅速。每错一题圈出5颗星。两道题都错，只给参与游戏的1颗星。

（3）大树商店——认识人民币。

游戏规则：每次测试10名学生，每名学生到指定的桌子上阅读题目，说出并找出相应钱币。

评价标准：10星，全对；5星，说对，找错；5星，说错，找对。其他：给予两次回答的机会，两次回答全对给7颗星。

（4）图形花园——认识图形。

游戏规则：每次测试10名学生，每名学生到指定的桌子上按要求给图形分类。

评价标准：10星，全对，而且分类整理时能做到一一对应，横排和竖排对齐；8星，能正确分类，正确回答，但分类时没有做到一一对应，横排和竖排对齐。其他：分类每错一个圈出1颗星，回答每错一道题目圈出1颗星。

（5）七彩串珠——找规律。

游戏规则：每次测试10名学生，每名学生到指定的桌子上按规律摆出答案，每位学生完成3道题目。

评价标准：10星，三道题全对。其他：答错A级题目圈出2颗星，答错B级题目圈出3颗星，答错C级题目圈出4颗星，全错只给参与游戏的1颗星。

（6）智慧宝珠——数的组成。

游戏规则：测试个别进行，教师准备计数器，学生边拨边说这个数是几。

评价标准：10星，按某种规律拨数而且读数正确。其他，读数正确，但没有按某种规律拨数圈出1颗星，每漏拨一个数圈出1颗星。

（7）迷城智慧——解决问题。

游戏规则：测试个别进行，学生先到指定场地，自主选取4个解决问题的纸条，并到考官处回答（类似猜灯谜，把自己有把握的题目取下来并回答），本测试允许学生动笔把答案写在纸条上。

评价标准：每答对一题给10星，4道题全对给40星。

3. 一年级英语趣味游考

（1）Board Game——棋盘游戏。

游戏规则：学生在教师给出的棋盘上掷骰子，骰子显示多少，棋子就走多少格，学生就要大声说出该格子上显示的英语单词，每个学生掷三次。

评价标准：说出一个单词，得到一颗星，最多可得三颗星。

（2）Find Friends——找朋友。

游戏规则：学生在老师手上随机抽取3张图片，在10张单词卡中找出与这

3张图片匹配的单词卡。

评价标准：配对正确一个，得到一颗星，最多可得三颗星。

（3）Jump Jump Jump——袋鼠跳。

游戏规则：学生套上一个小口袋，老师说出一个字母的发音，学生就跳到这个字母的位置，老师依次说出五个。

评价标准：跳对一个，得到一颗星，最多可得五颗星。

（4）I spell, I read——我拼我读。

游戏规则：按照队伍顺序，五人为一小组，老师给出一组打乱顺序的图片，小组成员各拿一张图片，一起合作把图片按正确的顺序重新排列，排列完后一起大声读出图片对应的句子。

评价标准：正确排列所有图片及正确读出所有句子，每人得三颗星；有以下情况之一，每人得两颗星：排错1～2张图片；读错1～2个句子。有以下情况之一的，每人得一颗星：排错3张图片以上；读错3个句子以上；只排对图片的顺序，不会读任何一个句子。

（5）Circle——套圈圈。

游戏规则：老师读对话，学生套对应的图片，老师读出三组对话。

评价标准：套正确一个，得一颗星，最多可得三颗星。

（6）Super Singer——超级歌手。

游戏规则：学生唱一首英文歌。

评价标准：面向老师一颗星，声音洪亮一颗星，发音正确一颗星。

三、游考后的实践反思

（一）获得新的体验与成长

游考活动，换了一种学习情境，换了一种考核方式，不仅让学生产生新的学习动力，还让他们获得了一种新的体验和成长。在游园考中，学生们互相合作完成挑战，既能培养他们的团队协作精神，也有助于锻炼他们的交际能力，是一次丰富有趣的综合实践学习体验。

（二）游考的反思与改进

游考亦存在一些不足，值得我们去反思、改进。

　　例如，一年级语文，在实际考核中发现缺乏对学生思辨能力的考查，三个环节的考核方式都偏向于知识认知和记忆，学生不需要太多的思辨，更多是对于知识掌握的直接输出。所以我们在下次游考中，还可以设置一些环节，引导学生进行更多的思考，与老师、同学争辩，增加师生互动。

　　游考中，令老师们感到意外的是，有小部分平时优秀的学生，面对这种考查形式反而发挥失常，会因为理解不到位、读错题、口误等导致错误。这也说明有小部分学生未能迅速适应这种考核方式，或者有小部分学生"写"的能力很强，但"听""说""读""动手操作"等能力却稍弱，发现了"纸质测试"不能发现的问题，需要我们在今后教学中改进。

附 录 "全课程"实践成果统计

教师开展"全课程"实践成果情况表（2022年1月）

附表1 教师荣誉部分

序号	教师姓名	获得荣誉	获奖时间
1	王金发	广东省特级教师	2018年
2	王金发	广东省名师工作室主持人	2018年、2021年
3	王 蕾	广东省"百千万人才培养工程"名班主任培养对象	2021年
4	王 蕾	东莞市名班主任工作室主持人	2022年
5	吴远仪	广东省青年教师素养大赛一等奖	2021年
6	杨露蓉	东莞市第四批小学语文学科带头人	2019年
7	詹伟达	东莞市第四批小学科学学科带头人	2019年
8	莫美妹	东莞市优秀教师	2019年
9	杨露蓉	东莞市优秀教师	2019年
10	周雪莉	东莞市小学体育与健康教学能手	2021年
11	吴晓文	东莞市小学数学第四批教学能手	2021年
12	陈 静	东莞市小学数学第四批教学能手	2020年
13	梁晓莹	东莞市小学数学第四批教学能手	2020年
14	张艳华	东莞市小学综合实践活动第四批教学能手	2020年
15	张燕霞	东莞市小学数学第四批教学能手	2020年
16	赵坤凤	东莞市小学信息技术第四批教学能手	2020年

续 表

序号	教师姓名	获得荣誉	获奖时间
17	王成莲	东莞市小学语文第三批教学能手	2019年
18	何沛贤	东莞市小学道德与法治教学能手	2019年
19	朱风美	东莞市小学英语第三批教学能手	2018年

附表2 教师发表论著

序号	姓名	论著、论文名称	出版社或发表刊物	出版或发表时间
1	王金发	专著《故事思维故事力量我的教育研究故事》	现代出版社	2021年
2	王金发、阳海林	专著《魔术，改变数学》	东北师范大学出版社	2020年
3	王金发	专著《小学教学实践中的数学文化重构》	世界图书出版公司	2019年
4	王金发	专著《幽默、智趣教学风格的实践与凝练》	东北师范大学出版社	2018年
5	王金发、谭海媚	专著《数学智慧故事漫画》	东北师范大学出版社	2018年
6	王成莲、蔡文敏、危菲菲	《用课程致敬袁隆平》	《当代教育家》	2021年
7	张 君	《迅哥儿，交个朋友吧》	《当代教育家》	2021年
8	王金发	论文《小学数学魔术的开发与教学实践》发表	东北师范大学出版社	2020年
9	王金发	论文《为什么没有教科书》发表	《当代教育家》	2020年
10	王金发	论文《澳洲"看课"记》发表	《当代教育家》	2020年
11	王金发	论文《教育真滋味，觉之教育》发表	《当代教育家》	2020年
12	王金发	论文《没有欢迎仪式的浩莎迪小学》	《当代教育家》	2020年
13	王成莲、王金发	论文《岭南无所有 聊赠一枝春》发表	《当代教育家》	2020年

序号	姓名	论著、论文名称	出版社或发表刊物	出版或发表时间
14	吴曼生	论文《运用数学规律，凸显数学魅力》——《猜牌》魔术教学实践与反思发表	《广东教学报》	2020年
15	张燕霞	论文《巧用数学魔术，拓展课本知识——扑克牌"读心术"的教学实践与反思》发表	《广东教学报》	2020年
16	谭 萍	论文《探索全课程背景下小学语文阅读能力培养》	《教育学文摘》	2020年
17	梁晓莹	论文《整合古诗教学，探索数学规律—数学魔术〈古诗的魔力〉教学实践与反思》	《广东教学报》	2020年
18	王金发	《小学数学魔术的开发与教学实践》	《广东教学报》	2020年
19	王成莲	《岭南无所有，聊赠一枝春——基于项目式学习的低年段在线抗疫课程实践》	《当代教育家》	2020年
20	王成莲、王金发	《全课程的"滋味"》	《当代教育家》	2020年
21	王成莲	《谈低年级绘本教学的价值取向及策略——〈以害羞的小哈利〉为例》	《小学语文教学》	2020年
22	王成莲、危菲菲	《2020，用色彩纺织一件最美丽的事》	《当代教育家》	2020年
23	吴兴妍	《变变变，变出七彩童年》	《当代教育家》	2020年
24	李 静	论文《例谈"快乐读书吧"栏目教学策略中的由个"巧"》	《教育科学》	2020年
25	杨露蓉	论文《趣味——撑起拼音教学的一片天空》	《天津教育》	2019年
26	王成莲	《"蹦蹦跳跳"读书法》	《孩子·东莞少年》	2018年
27	杨露蓉	《低年级语文教学因童话而美丽》	《新教育时代》	2018年

附表3 教师课题成果

序号	姓名	课题名称	立项或获奖时间	级别	获奖等次
1	詹伟达	《活动化·课程化·项目化·品牌化——中小学"四化"创客教育模式的研究与实践》	2021年	省级	省级二等奖
2	王金发	《指向数学关键能力的小学数学魔术的开发与教学》	2021年	省级	省级二等奖
3	王成莲	《绘本阅读提升低年级小学生写话能力的策略研究》	2018年	省级	省级三等奖
4	王金发	《全课程视域下小学课堂教学模式创新研究》	2021年	市级	
5	吴远仪	《小学水墨重彩画创意课程的教学研究》	2021年	市级	
6	吴春芳	《学习素养视角下的小学高年级语文阶梯式课外阅读实践与研究》	2021年	市级	
7	张君	《基于项目式学习的小学语文阅读教学内容重构研究》	2020年	市级	
8	郑朝元	《多元融合模式对促进校园武术特色项目发展的教学实践研究》	2020年	市级	
9	王蕾	《活动体验式主题班会对小学生公民意识养成的实践与研究》	2020年	市级	
10	王秋菊	《小学课余体育训练借助社会体育资源构建"互动训练模式"的探索研究》	2020年	市级	
11	吴兴妍	《基于汉字规律优化识字教学策略的实践研究》	2020年	市级	
12	朱晓岚	《基于核心素养的过程性文本重构策略在小学高年级英语读写教学中的实践与研究》	2020年	市级	
13	李静	《全课程视角下小学语文高段整本书阅读的策略研究》	2020年	市级	
14	王金发	《"幽默、智趣"教学风格的实践与凝练》	2019年	省级	已结题

序号	姓名	课题名称	立项或获奖时间	级别	获奖等次
15	刘干龙	《小学数学翻转课堂"自主学习任务单"的设计与研究》	2019年	市级	
16	余 柳	《教育戏剧在小学语文教学中的探索与实施》	2019年	市级	
17	杨露蓉	《基于全课程视角下的小学语文汉语拼音教学策略的研究》	2019年	市级	
18	曾晓燕	《融合艺术的小学数学课程开发创新研究：数学文化的视角》	2018年	市级	
19	李 艳	《元认知策略在小学中高年段英语课外阅读中运用的实践研究》	2018年	市级	
20	任 莉	《基于文体意识的小说教学策略研究——从语用的视角》	2018年	市级	
21	朱晓岚	《过程性文本重构策略在小学高年级英语读写教学中的实践与研究》	2018年	市级	

附表4 课堂教学评优

序号	姓名	课堂教学获奖项目	等次	获奖时间
1	叶永昌	全国小学英语前沿课堂在线观摩研训会	国家级一等奖	2020.07
2	梁晓莹	东莞市小学数学青年教师教学展示观摩评比活动	市级一等奖	2018.11
3	刘丽欣	东莞市小学音乐品质课堂潜力组	市级一等奖	2021.08
4	叶淑芬	东莞市首届教师教学基本功音乐类个人全能比赛	市级二等奖	2021.09
5	吴远仪	东莞市小学美术品质课堂活力组	市级一等奖	2021.08
6	郑朝元	东莞市中小学体育与健康教学展示活动现场教学比赛	市级一等奖	2020.07
7	周雪莉	东莞市中小学体育与健康学科第四批教学能手评定中，教学行为现场展示	市级一等奖	2020.03
8	王秋菊	东莞市中小学体育与健康教学展示	市级一等奖	2018.10

序号	姓名	课堂教学获奖项目	等次	获奖时间
9	李　静	东莞市小学语文品质课堂活力组	市级一等奖	2021.08
10	黄佩珊	东莞市青年教师课堂教学大赛	市级二等奖	2018.08
11	王金发	东莞市小学数学品质课堂魅力组	市级一等奖	2022.02
12	黄　娜	东莞市小学数学品质课堂实力组	市级二等奖	2022.02
13	吴兴妍	广东省教学录像课《古诗两首》	省级二等奖	2019.08
14	黄佩珊	广东省教学录像课《找春天》	省级三等奖	2020.08
15	张　君	东莞市教学录像课《晏子使楚》	市级二等奖	2020.06
16	谭景洋	东莞市教学录像课《古诗三首》	市级二等奖	2021.05
17	蔡文敏	东莞市教学录像课《赵州桥》	市级二等奖	2021.06
18	苏连博	东莞市教学录像课《桥》	市级二等奖	2021.09

参考文献

［1］教育部.义务教育语文课程标准（2011年版）［M］.北京：北京师范大学出版社，2012.

［2］怀特海.教育的目的［M］.庄莲平，王立中，译.上海：文汇出版社，2012.

［3］洛林・W.安德森.布鲁姆教育目标分类学［M］.蒋小平，张美琴，罗晶晶，译.北京：外语教学与研究出版社，2019.

［4］H・加登纳.智能的结构［M］.兰金仁，译.北京：光明日报出版社，1990.

［5］朱自强.儿童文学概论［M］.北京：高等教育出版社，2009.

［6］佩里・诺德曼.阅读儿童文学的乐趣［M］.刘凤芯，译.台北：台北天卫文化图书有限公司，2000.

［7］温儒敏.温儒敏论语文教育三集［M］.北京：北京大学出版社，2016.

［8］夏雪梅.项目化学习设计——学习素养视角下的国际与本土实践［M］.北京：教育科学出版社，2018.

［9］刘晓东.儿童精神哲学［M］.南京：南京师范大学出版社，2003.

［10］松居直.我的图画书论［M］.郭雯霞，许小洁，译.上海：上海人民美术出版社，2009.

［11］李振村."全课程"给孩子丰富完整的世界［J］.当代教育家，2016（1）：48-52.

［12］彭懿.世界图画书阅读与经典［M］.北京：接力出版社，2011.

［13］陈晖.图画书的讲读艺术［M］.南昌：二十一世纪出版社，2010.

［14］郝广才.好绘本 如何好［M］.南昌：二十一世纪出版社，2009.

［15］方素珍.绘本阅读时代［M］.浙江：浙江少年儿童出版社，2013.

［16］李欣.小学低段绘本阅读教学探究［D］.四川：四川师范大学，2012.

［17］隋成莲.绘本创意教学研究［D］.山东：山东师范大学，2013.

［18］王金发.小学教学实践中的数学文化重构［M］.北京：世界图书出版 广东有限公司，2019.

［19］王金发，阳海林.魔术，改变数学［M］.长春：东北师范大学出版 社，2020.